D1921896

Paul Elling
Die Kunst des Pendelns

Paul Elling

DIE KUNST DES PENDELNS

Schicksalsdeutung und Entscheidungshilfe

Moewig

3. Auflage
Originalausgabe
© 1988 by Verlagsunion Erich Pabel-Arthur Moewig KG, Rastatt
Alle Rechte vorbehalten
Umschlagentwurf und -gestaltung:
Atelier Adolf Bachmann, Reischach
Umschlagfoto: Fotostudio Elmar Kohn, Landshut
Textbearbeitung: Elga Sondermann
Druck und Bindung: Ebner Ulm
Printed in Germany 1992
ISBN 3-8118-1055-3

Inhalt

Theoretisches und Praktisches

Was ist ein Pendel? 10
Die „große Kraft“ 15
Pendeln hat Tradition 20
Kann jeder Mensch pendeln? 25
Pendelarten und Sensitivität 31
Pendelkörper – Form und Gewicht 35
Pendelkörper – Material und Farbe 40
Pendelfaden oder -kette? 44
Die Fadenlänge 47
Der persönliche Pendel 52
Die Pendelhaltung 54
Pendelbewegungen 59
Ausschlagserien und Kennziffern 66
Der dynamische Kreis 69
Psychische Einflüsse und Störungen 75

Anwendung

Pendeln im Alltag 80
Auspendeln von Gebrauchsgegenständen 84
Charakterkunde 88
Der richtige Partner 99
Handschriften 102
Fotografien 105
Ortsbestimmungen 110
Mengenbestimmungen 115
In der freien Natur 120
Landkarten und Pläne 126
Pendel und Krankheiten 132
Ein letztes Wort 142

Anhang

Adressen 147
Weiterführende Literatur 148

Theoretisches und Praktisches

Wer in einer etwas älteren Ausgabe des Brockhaus unter dem Begriff „Pendel“ (*pendul-us, -a, -um,* lat.: hängend) nachschlägt, erfährt lediglich, daß es sich hierbei um einen Gegenstand handelt, „der um einen Aufhängepunkt hin- und herschwingt“. Eine magere Information, die überdies dem Wissensdurstigen die freie Wahl zwischen den Artikeln „der“ und „das“ überläßt.

Ganz so freizügig wird in der Praxis jedoch nicht verfahren, die sehr wohl einen sogar recht bedeutsamen Unterschied zwischen dem sächlichen und dem männlichen Pendel kennt. „Das“ Pendel bezeichnet ausschließlich das mathematische oder physikalische Pendel, für das der geniale Naturwissenschaftler Galileo Galilei bereits im Jahre 1609 seine berühmten Pendelgesetze entwickelte. Im Gegensatz hierzu steht „der“ siderische Pendel (sidera, lat.: Gestirne), der längst vor Beginn unserer Zeitrechnung schon den Völkern des Altertums als Orakelmittel diente.

Als Unterschied für diese beiden Pendelarten könnte zunächst einmal ganz grob angeführt werden, daß das Pendel von einer mechanischen Antriebskraft bewegt werden muß, wie es beispielsweise bei dem Uhrenpendel der Fall ist, während der Pendel seinen Ausschlag durch geheimnisvolle Kräfte erfährt, für die keine Formeln existieren. Eine wesentliche Rolle spielen hierbei Faktoren wie die Person des Pendlers, die ihn umgebende Aura, die Form und das Material des Pendelkörpers, die Pendelaufhängung und – die innere Einstellung des Pendlers zu diesem Mysterium.

Was ist ein Pendel?

Als eingrenzende Definition für den siderischen Pendel könnte nun also stehen, daß es sich hierbei um ein Gewicht handelt, das frei beweglich an einem Faden aufgehängt und dank dieser flexiblen Verbindung in der Lage ist, unter dem Einfluß der Schwerkraft Schwingungen auszuführen.

Aber auch diese Erklärung kann nicht dazu führen, das Geheimnis um den Pendel zu lüften. Zwar ist jetzt bekannt, daß der Pendel ein Gewicht ist, daß er frei aufgehängt ist und daß er hin- und herschwingen kann, doch handelt es sich bei dieser Information nicht gerade um eine Neuigkeit – noch immer ist kein gravierender Unterschied zwischen dem mathematischen oder auch physikalischen und dem siderischen Pendel festzustellen. Einen wesentlichen Schritt nach vorne führt die Frage nach dem Einsatzbereich, und genau an dieser Stelle wird die entscheidende Weiche zwischen dem Pendel, der die Bewegung von Maschinen und Uhrwerken regelt, und dem Pendel, der als Such- und Meßgerät eingesetzt wird, gestellt.

Der Begriff Such- und Meßgerät kann jedoch ein wenig irreführend sein, da hierunter in der Regel ein mehr oder weniger kompliziertes Instrument verstanden wird, das in den meisten Fällen mit einer Skala versehen ist, die dem Bediener ein einfaches Ablesen der gefundenen Werte gestattet. Um ein solches Instrument handelt es sich bei dem Pendel natürlich nicht – weder Schalter und Knöpfe noch Lampen oder Zeiger bereichern die bestechend simple Ausstattung dieses Instruments, das lediglich aus einem Gewicht und einem Faden besteht.

„Wie kann denn mit einem Pendel überhaupt etwas gesucht, gefunden und schließlich sogar noch gemessen werden?“ könnte an dieser Stelle eine durchaus berechtigte Frage lauten, da ja tatsächlich sämtliche Attribute eines herkömmlichen Such- und Meßinstruments fehlen. Nun, die vorläufige Antwort auf diese Frage ist, daß der Pendel, um ihn im Bereich der Radiästhesie (*radius,* lat.: Strahl; *aisthesis,* griech.: Empfindsamkeit) einsetzen zu können, noch um ein „kleines

Teil“ erweitert werden muß: die Person, die ihn hält. Mit diesem Zuwachs verläßt der siderische Pendel endgültig den Bereich der Mechanik und betritt den Raum der Psychophysik, der odischen Energien, des Sensitiven. Sämtliche Schalter und Knöpfe dieses Instruments liegen in der Person des Pendlers, der somit je nach seiner Empfindsamkeit für diese geheimnisvollen Kräfte selbst die perfekteste Computeranlage in den Schatten stellen kann. Vielleicht halten Sie diese Aussage für gewagt, vielleicht fehlt Ihnen dafür noch ein schlüssiger Beweis – zerbrechen Sie sich in diesem Stadium darüber nicht den Kopf, und versuchen Sie, sich allmählich von der Praxis der technischen Beweisführung zu trennen, die im Laufe der Menschheitsgeschichte beträchtlich dazu beigetragen hat, daß die im Altertum kultivierte Kunst des Pendelns fast verschüttet worden wäre.

Es geht sogar noch weiter, denn da es hochgradig sensitive Menschen gibt, die bei ihrer Tätigkeit des Suchens und Messens vollständig auf den Pendel verzichten können, muß das Werkzeug Pendel genaugenommen in den Hintergrund rücken: im Vordergrund steht der Pendler. Doch nachdem nicht alle Menschen über diese beneidenswerten Fähigkeiten verfügen, steht dem Pendel die Rolle eines Hilfsinstruments zu, das durch exakt definierte Schwingungen anzuzeigen vermag, was der weniger sensitive Mensch nicht spüren kann.

Gleich von vorneherein soll an dieser Stelle auf das Hauptargument der Pendel-Kritiker eingegangen werden, das die Pendelausschläge allein der Vorstellungskraft des Pendlers und den daraufhin einsetzenden, vom Willen gesteuerten Muskelbewegungen zuschreibt. Nun, dieser Einwand liegt auf der Hand und wurde bereits im vorigen Jahrhundert ergiebig diskutiert. Wie beispielsweise der Pendelforscher und Generalsekretär der französischen Präfektur Loiret, de Briche, im Jahre 1938 den Beweis führte, daß die Schwingungen des siderischen Pendels nicht auf unfreiwillige Muskelbewegungen zurückzuführen sind, zeigt die Versuchsanordnung in Abbildung 1, die Sie mit einfachen Mitteln selbst nachvollziehen können:

Auf die waagrechte Latte des auf einem Tisch angebrachten Galgens von circa 30 Zentimetern Höhe kleben Sie mit Hilfe eines Wachskügelchens das Fadenende eines beliebigen Pendels, dessen Körper ein Ring oder ein anderes leichtes Gewicht sein kann. Wenn sich der Pendel im

Versuchsanordnung von Monsieur de Briche

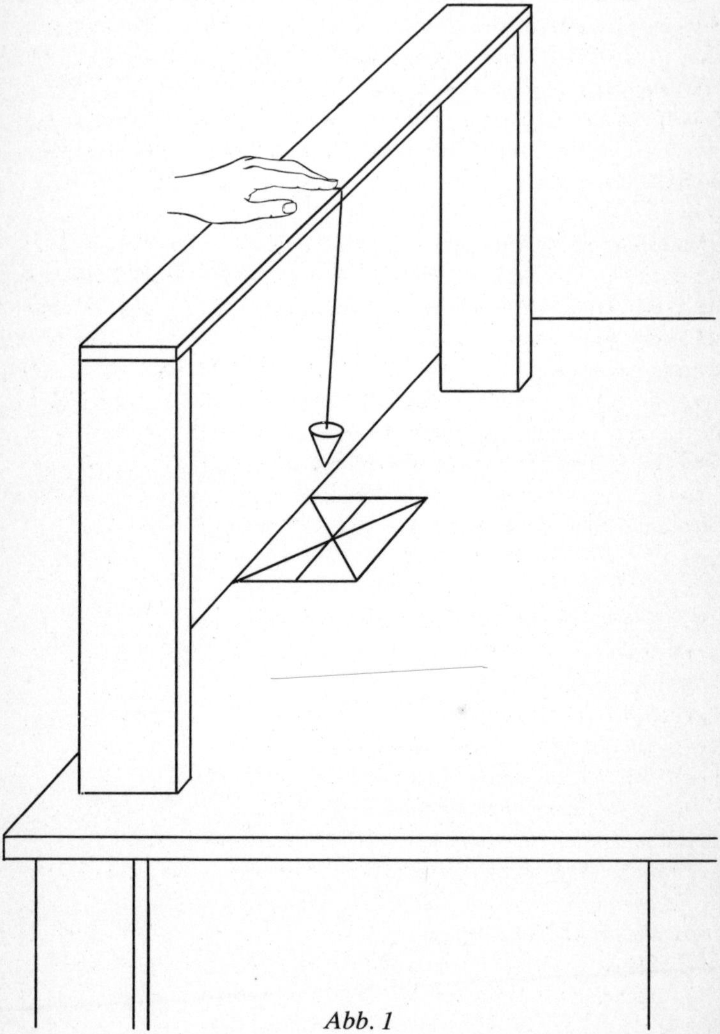

Abb. 1

völligen Ruhezustand befindet, legen Sie behutsam einen Finger auf den Faden, der sich über die waagrechte Latte spannt. Natürlich muß Ihr Gerüst so stabil sein, daß es durch das Auflegen des Fingers nicht zu wackeln anfängt und somit den Pendel in eine mechanisch provozierte Schwingung versetzt. Bei Monsieur de Briche erfuhr der Pendel immer dann Ausschläge, wenn er den Faden mit dem Finger berührte. Die Bewegungen veränderten sich immer dann, wenn er die unter den Pendel gelegten Gegenstände auswechselte.
(Nach Christopher Bird, Die weissagende Hand oder das Mysterium Wünschelrute. Verlag Moos & Partner, 2. Auflage 1985, Seite 103)

Ob dieses einfache Experiment in der Lage ist, die Zweifel der Kritiker zu zerstreuen, soll zweitrangig bleiben. Allein die Tatsache, daß die Psychokinese, also die durch bloße Geistestätigkeit hervorgerufene Bewegung materieller Gegenstände heute eine unbestrittene und vielfach nachgewiesene Fähigkeit hoch sensitiver Menschen ist, sollte ausreichen, um nur dürftig oder überhaupt nicht beweisbare Phänomene einfach hinzunehmen und nicht lehrbuchmäßig zu hinterfragen. Nur ein Dokument des französischen Chemikers Michel-Eugène Chevreul aus dem Jahre 1850 soll hier noch zeigen, wie im vorigen Jahrhundert die Wünschelruten- und Pendelausschläge erklärt wurden:

Die Bewegung eines radiästhetischen Geräts kann erklärt werden:
1. *als Teil der moralischen Welt mit einer spirituellen Ursache, die sich ableitet von:*
   a) *Gott oder der Hierarchie der Engel;*
   b) *dem Teufel oder seinen Günstlingen;*
   c) *dem Bewußtsein des Rutengängers oder Pendlers;*
2. *als Teil der materiellen Welt mit einer psychischen Ursache, die sich von ‚okkulten' Eigenschaften der Materie ableitet, welche:*
   a) *die aristotelischen Peripatetiker Sympathie und Antipathie nannten;*
   b) *die Cartesianer Korpuskeln, Dünste oder feine Materie nannten;*
   c) *Chevreuls Zeitgenossen als Elektrizität, Elektromagnetismus oder Elektro-Organismus (Galvinismus) bezeichneten.*

Die Bewegung kann dadurch verstärkt werden, daß der Rutengänger beziehungsweise Pendler außer dem Gerät
1. einen Stoff, der mit dem des gesuchten Objekts identisch ist;
2. einen Stoff, der von dem des gesuchten Objekts verschieden ist
in den Händen hält.
Weil diese beiden Mittel, um die Bewegung des Gerätes zu verstärken, einander diametral entgegengesetzt sind, braucht man zu ihrer Erklärung eine mentale, nicht eine physikalische Ursache . . .
(Nach Christopher Bird, Die weissagende Hand oder das Mysterium Wünschelrute. Verlag Moos & Partner, 2. Auflage 1985, Seite 102)

Nehmen Sie sich die Freiheit, zum jetzigen Zeitpunkt die Erforschung nach der Ursache der Pendelbewegungen einfach zu überspringen – nicht, weil sich darüber Wissenschaftler der ganzen Welt bisher vergeblich den Kopf zerbrochen haben, sondern einfach deshalb, um möglichst unbeschwert zu sein, wenn Sie die ersten Versuche mit dem Pendel selbst durchführen. Sollten Sie die Tatsache, daß der Pendel schwingt, nicht ohne eine befriedigende Erklärung hinnehmen können, sollten Sie vom Pendeln Abstand nehmen, da Sie unter dieser Voraussetzung Gefahr liefen, Pendelausschläge willentlich zu provozieren und den Pendel als Such- und Meßinstrument somit für Sie unbrauchbar machten.

Die „große Kraft“

Nachdem die Frage „Was ist ein Pendel?“ damit beantwortet wurde, daß es sich hierbei um ein Hilfsinstrument für Radiästheten, also für strahlenempfindliche Menschen handelt, drängt sich eine neue Frage auf: Welche Strahlen sind hier gemeint?

Um keine falschen Hoffnungen auf die Lösung dieser menschheitsbewegenden Frage zu wecken, muß die Antwort seriöserweise offenbleiben, und auch Vermutungen müssen wegen ihres spekulativen Charakters unterbleiben. Zu viele Theorien erheben den Anspruch, diese Art von Strahlen erklären zu können, wobei sie sich allesamt nach eingehender Prüfung als haltlose Hypothesen erweisen. Rätselhaft bleiben uns die Phänomene der „großen Kraft“, die – nur um eine grobe Übersicht zu geben – den Völkern des alten Chinas ebenso bekannt waren wie den Indern, den Babyloniern, den Chaldäern, den Pharaonen, den Griechen und den Urbewohnern des afrikanischen sowie des amerikanischen Kontinents.

Was bewegt Hunde oder Katzen dazu, über Hunderte, ja sogar Tausende von Kilometern ihre Besitzer zu finden, die sie bei einem Wohnortwechsel einfach zurückgelassen haben? Weshalb finden Kamele in der Wüste Wasser? Was bringt die Wünschelruten zum Ausschlagen, mit deren Hilfe Erze, Öl und Wasser mit einer nahezu hundertprozentigen Trefferquote gefunden werden? Was läßt die Zeiger einer Uhr stillstehen, wenn deren Besitzer stirbt? Nun, diese Fragen könnten bücherfüllend fortgesetzt werden, und immer wird man lediglich vor unerklärbaren Tatsachen stehen, die unter die Spezies ‚erstaunliche Erscheinungen‘ fallen.

Die „große Kraft“ – soviel kann mit Sicherheit gesagt werden – ist eine Energieform, die mit den uns bekannten Energieformen nicht verglichen werden kann:

- Licht
- Wärme
- Schall

- Magnetismus
- Elektrizität
- Mechanik (auch Wasser, Wind und Schwerkraft)
- Chemie (auch Radioaktivität)

Diese physikalischen Energieformen sind dem Menschen geläufig, er kann sie einordnen, er hat sie sich zum Nutzen und zum Schaden von der Natur entliehen, und er kann mehr oder weniger gut damit umgehen. Die Verfolgung dieser Spur würde vom Thema entfernen, doch soll diese kleine Übersicht dazu beitragen, eine gewisse Ahnung von der „großen Kraft" zu vermitteln, die sich den exakten Wissenschaften bisher mit allerbestem Erfolg entziehen konnte.

Natürlich ist es ein Einfaches, Dinge, die man nicht versteht, abzulehnen und als Scharlatanerie abzutun. Doch wäre diese Verhaltensweise nicht nur ungerecht, sondern sogar widersprüchlich: Immerhin werden beispielsweise auch die Energien von Wind, Sonne und Wasser genutzt, selbst wenn es bisher keine schlüssige Erklärung für den Ursprung dieser Elemente gibt.

Einen weiteren Gedanken ist die unumstößliche Tatsache wert, daß eine gezähmte Naturkraft in der Regel genau so stark ist, wie sie der Mensch zu machen vermag. Was alles könnte man mit den vorhin aufgeführten Energien anstellen, wenn der Mensch die Technik im Umgang mit diesen Kräften noch mehr verfeinerte? Die Forschung jedenfalls ist auf diese Richtung eingeschworen, Spezialisten der einzelnen Disziplinen arbeiten weltweit nahezu rund um die Uhr, um die Geheimnisse dieser Kräfte zu entblättern. Es ist ein Gewaltakt, bei dem sehr viel von der Natur auf der Strecke bleibt, so daß die Erforschung und Nutzbarmachung der Naturkräfte in weiten Bereichen auf eine Zerstörungsaktion hinausläuft, deren Folgen nicht absehbar sind. Dieser Kraftakt an sich ist unnatürlich und ist als ein Zeichen der Hilflosigkeit und des Trotzes zu bewerten, mit dem über Umwege die Lösung nach der alles umspannenden „großen Kraft" gesucht wird. Das ganze alptraumhafte Geschehen auf unserem Planeten ähnelt dem Vorgehen in einem Sezierraum, wo eine Leiche nach allen Regeln der Kunst geöffnet wird, um die Todesursache festzustellen. Was, bitte, soll das bedeuten?

Ist es nicht so, daß uns die Erforschung der Details immer mehr davon wegbringt, die Geheimnisse der „großen Kraft“ zu entdecken? Daß wir uns in Nebensächlichkeiten verstrickt haben und dabei die Pforte zum Gewölbe der großen Zusammenhänge nicht mehr sehen? Zur Zeit scheinen gewisse bewußtseinsverändernde Drogen das einzige Mittel zu sein, für kurze Momente aus der Sackgasse zu entfliehen. Dieser Weg, das Programm zu verlassen, kann nicht der richtige sein, denn eine Rückkehr in die Realität ist zwangsläufig, sobald die Droge aufhört zu wirken. Eine längerfristige Abkehr von der Wirklichkeit versprechen Seminare über Taoismus und Zen – ein Unding, die Geheimnisse der „großen Kraft“ mit Geld zu kaufen oder gegen Geld anzubieten.

Eher noch als mit den bekannten physikalischen Energien könnte die „große Kraft“ mit den Kräften verwandt sein, die im Bereich der Bioenergetik anzutreffen sind. Hier spielen beispielsweise Begriffe wie „Aura“, „Ätherleib“ und „Od“ eine Rolle – Ausdrücke, die genauso wenig erklärbar sind wie die „große Kraft“. Von Interesse dürfte allerdings der Umstand sein, daß die jeden Menschen umgebende Emanation, also die Ausstrahlung, längst sichtbar gemacht werden kann. So hat man bereits im Jahre 1898 erfolgreich daran experimentiert, strahlende Finger abzubilden, nachdem die Hände einige Stunden lang in einem Dunkelfeld auf einer Fotoplatte lagen. Im Jahre 1939 begann der Russe Kirlian auf diesem Gebiet zu arbeiten und verfeinerte die Technik (Kirlianfotografie vgl. Abb. 2, Seite 18), so daß mittels eines Hochfrequenz-Generators mit 75 000 bis 200 000 elektrischen Schwingungen pro Sekunde nicht nur die Aura oder odische Strahlung von Menschen, sondern auch von Tieren und Pflanzen sichtbar gemacht werden kann.

Sensitive Menschen brauchen derartige Geräte nicht, denn sie können selbst in absoluter Finsternis die Aura von Lebewesen sogar in Farbe wahrnehmen. Aber auch weniger empfindsamen Personen ist der Weg zu bioenergetischen Erkenntnissen nicht verbaut, denn die strahlende Aura ist nicht nur sichtbar, sondern auch spürbar: Jeder kennt die magnetische Anziehungskraft von bestimmten Menschen, von denen Energien wie Konzentration, animalische Wärme und Sympathie ausgehen. Und jedem sind auch Menschen bekannt, die genau das Gegenteil verstrahlen, nämlich Unruhe, Kälte und Abneigung. Mit welchen Phänomenen haben wir es hier zu tun? Haben diese

Kirlianfotografie
(Fingerspitzen und Fußballen mit Zehen)

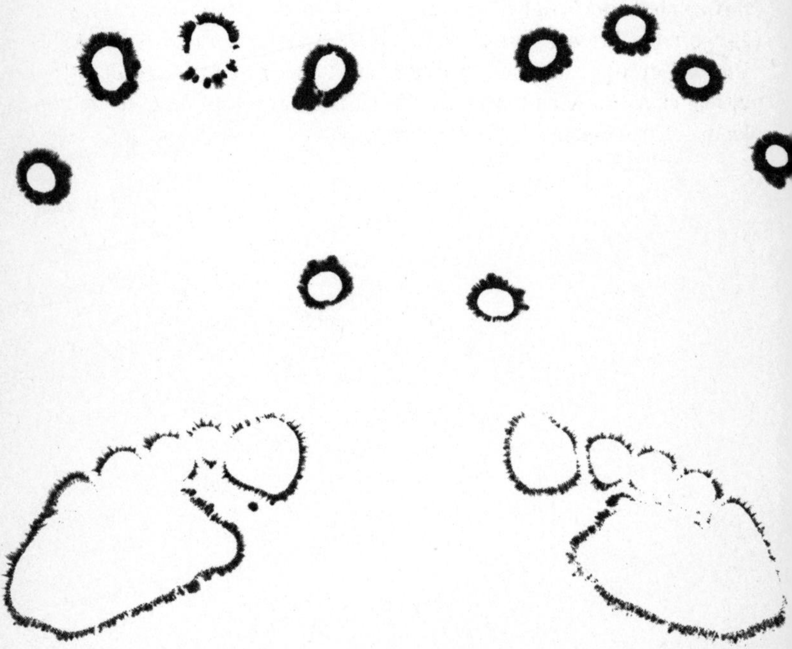

Abb. 2

Strahlen eine Verbindung zur „großen Kraft", sind sie am Ende gar identisch mit ihr?

Die Frage nach Gott als Quelle dieser Energie kann in diesem Rahmen nicht diskutiert werden. Doch angenommen, die Spur wäre richtig, so führte sie letztendlich auch nicht zu einer Erklärung für das Phänomen der Pendelausschläge, um die es hier schließlich geht. Es bleibt die Empfehlung, diese erstaunlichen Erscheinungen mit einem gewissen Quantum Demut zu tolerieren, akzeptieren und respektieren, ohne jedoch dabei in eine Hörigkeit zu fallen, die unter den Jüngern des Wassermannzeitalters so verbreitet ist: Pendeln Sie nach Ihrem Gefühl genau dann, wenn Ihnen danach ist, und verfallen Sie bitte nicht in die Manie der Haltlosen, die sogar auspendeln, ob sie ein Frühstücksei essen sollen oder nicht.

Pendeln hat Tradition

Nicht nur im heutigen Zeitalter des sogenannten „New Age“, in dem parapsychologische, spiritistische und magische Phänomene wieder aufgerollt werden, war das Pendeln salonfähig. Als okkultes Instrument war der Pendel vielmehr längst vor unserer Zeitrechnung ein durchaus übliches Hilfsmittel, um das Leben zu meistern. Natürlich können wir mangels Überlieferung nicht exakt nachweisen, wann zum ersten Mal gependelt wurde, doch existieren eine Reihe von Verdachtsmomenten, daß der Pendel bereits ausschlug, als die alten Chinesen in ihrer vollen Blüte standen.

Betrachtet man beispielsweise das erste Buch der Weisheit von Konfuzius, das circa 800 Jahre vor Christus verfaßte „I Ging“, so kann man darin auf Stellen stoßen, die sehr stark einen Bezug zur Pendelkunst vermuten lassen. So schreibt Konfuzius an einer Stelle:

Jede der acht Urkräfte wirkt in einer bestimmten Richtung; aber Bewegung und Wandlung sind nur möglich dadurch, daß die paarweise entgegengesetzt gerichteten Kräfte – ohne einander aufzuheben – die Kreisbewegung in Schwung setzen, auf der das Leben der Welt beruht.

Nun, diese Textpassage ist an sich ganz und gar unverständlich – insbesondere, was die acht anscheinend zwangsweise gerichteten Kräfte betrifft. Es könnte sich natürlich um einen Kompaß handeln, der mit seinen entgegengesetzt gerichteten Kräften an diese Stelle passen könnte. Kannten die Chinesen den Kompaß? Wußten sie um Magnetismus und – daß die Erde rund ist? Vielleicht wußten sie noch viel mehr, vor allem von den Geheimnissen, die sich unserem in drei Dimensionen begrenzten Leben entziehen. Doch die im Text angesprochenen Kreisbewegungen machen stutzig, und natürlich auch der Ausdruck „Urkräfte“.

Eine weitere Passage aus dem ersten Buch der Weisheit läßt aufhorchen:

Die Heiligen und die Weisen Chinas waren stets mit dem Gesicht nach Süden gewandt, wenn sie den Sinn des Weltreiches anhörten.

Auch der erfahrene Pendler steht, wie wir später noch genauer erfahren, mit dem Gesicht nach Süden, wenn er die Geheimnisse der Natur und den Sinn des Weltreiches auspendelt. War das *I Ging* ein Pendelbuch? Stehen zwischen den Zeilen dieses für uns überwiegend unverständlichen Buches die Erklärungen, nach denen wir suchen? Allem Anschein nach sind wir nicht dazu in der Lage, uns erhaltene Überlieferungen aus vergangenen Zeiten richtig zu deuten, so daß wir uns mit dem „Rest", den Lebensregeln und Lebensweisheiten dieses und anderer Texte begnügen müssen, die sich so einfach lesen und die doch so schwer in die tägliche Praxis umzusetzen sind.

Gehen wir weiter zu den Völkern des alten Indien, und hier insbesondere zu dem damals verwendeten Zeitmaß. Die Inder teilten den Tag nicht wie wir in 24 Stunden zu 60 Minuten, sondern in 60 Ghari zu 24 Minuten. Diese Methode der Zeitmessung aus der Tradition des Sanskrit wird mit sogenannten „Tattwas" erklärt, mit Schwingungen in der Luft, die alle 24 Minuten ihre Farbe ändern, wobei man unter anderem von einem Klangäther, einem Lichtäther, einem Gefühlsäther, einem Geruchsäther und einem Geschmacksäther spricht. Diese tattwischen Farbschwingungen konnten experimentell nachgewiesen werden, ebenso wie eine ruckartige Veränderung der Pendelausschläge beim Eintritt in eine andere Schwingungsphase. Diente der Pendel den Indern unter anderem als Uhr? Erfahrenen Pendlern ist es jedenfalls möglich, mit Hilfe dieses 24-Minuten-Rhythmus an jedem Punkt der Erdoberfläche die jeweilige Ortszeit experimentell mit dem Pendel zu ermitteln – heutzutage gewiß ein „zeitraubender" Vorgang.

Ein Sprung durch die Geschichte führt uns zu den alten Griechen, wo wir erfahren, daß die Orakel zu Delphi und zu Dodona unter anderem mit Pendeln gearbeitet haben. Auch die Werke des Aristoteles, insbesondere seine Lehre von den vier Elementen (Wasser, Erde, Feuer und Luft) können, wie Experimente des Salzburger Pendelforschers und Diplom-Ingenieurs Ludwig Straniak bewiesen haben, zum großen Teil nur aus Pendelstudien gewonnen worden sein. Nach seiner Auffassung wird auch die Ideenlehre Platons verständlicher, wenn man bei der Lektüre einen Pendel zu Rate zieht.

Brief Heinrich Himmlers an den Wünschelrutenlehrer Professor Joseph Wimmer

Der Reichsführer-SS   Feld-Kommandostelle, 12. Jan. 43

München-Pasing, Kirchstr. 11.

000518 • 13 JAN
Akt. Z.: S/S/1

1.) Lieber Professor W i m m e r !

Meinen besten Dank für Ihre Zeilen vom 31.12.42. Ich freue mich ebensosehr wie Sie, daß das vergangene Jahr durch unser Beisammensein in Shitomir uns auf dem Gebiet der Wünschelruten-forschung und - ausbildung doch ein recht gutes Stück vorangebracht hat.

Für das Neue Jahr wünsche ich Ihnen persönlich Gesundheit und gerade auf dem Gebiet Ihrer Forschungsarbeit vollen Erfolg.

Heil Hitler!
stets Ihr
gez. H. Himmler.

2.) An das Ahnenerbe
3.) SS-Führungshauptamt

durchschriftlich mit der Bitte um Kenntnisnahme übersandt.

i.A.

[Unterschrift]
SS-Obersturmführer.

Abb. 3

Das Pendeln im Mittelalter ist uns durch den *Ring der Nibelungen* überliefert, mit dessen Hilfe der im Rhein versenkte Goldschatz wiedergefunden werden sollte. Von der Zeit des späten Mittelalters ist uns bekannt, daß die Kirche das Pendeln zum Zwecke der Weissagung mittels päpstlicher Verordnungen untersagte.

In der „jüngeren" Zeit beginnt die nachweisliche Pendeltradition bei Martine de Bertereau und ihrem Gatten, dem Baron de Beausoleil, die im Jahre 1640 auf radiästhetischem Wege mehr als 150 Erzvorkommen entdeckten und dafür als „Partner des Teufels" im Kerker sterben mußten. In der darauffolgenden Zeit fand die eigentliche Wiederentdeckung der Pendelforschung statt, wobei sich vor allem die Franzosen mit diesem Phänomen befaßten, so daß die wichtigsten und umfassendsten Werke nur in französischer Sprache vorliegen. Pendler wie Prof. Gerboin, Malbranche, Pfarrer Lebrun, Pfarrer de Valmont, Dr. Thouvenel, Prof. Chevreul, Graf de Tristan, Pfarrer Paramelle, du Potet, Perrier, Pfarrer Carrie und Pfarrer Fortin haben ihre Studien in mehr oder weniger verständliche Worte gefaßt und somit der Nachwelt beeindruckende Dokumente von den Erkenntnissen hinterlassen, die im 18. und 19. Jahrhundert gemacht wurden.

In Deutschland befaßte sich kein geringerer als der „Vater der Elektrochemie", der Entdecker des ultravioletten Lichts und Erfinder der Trockenzellenbatterie, Johann Wilhelm Ritter mit der Pendelforschung – für seine Reputation anscheinend zu eindringlich, denn er geriet im akademischen Kollegenkreis zunehmend ins Abseits. Ein weiterer berühmter Pendler war der Erfinder des Paraffins und des Kreosots, der österreichische Chemiker Baron Karl von Reichenbach, der sich sehr eingehend mit dem Pendeln beschäftigte.

Im Deutschland der Nazizeit wurden die Pendler als Okkultisten verfolgt und für ihre Tätigkeit politisch gebrandmarkt – ein Vorgehen, das geradezu unverständlich scheint, wenn man bedenkt, daß der Mathematiker und Physiker Joseph Wimmer auf Befehl Heinrich Himmlers eine Schule für Wünschelrutengänger unterhielt, an der das SS-Personal in der praktischen Radiästhesie unterrichtet wurde (vgl. Abb. 3, Seite 22).

Dieser geschichtliche Überblick ist natürlich nur ein unvollständiger Abriß, doch er dient dazu, nochmals aufzuzeigen, daß wir uns immer mehr von der „großen Kraft" entfernen, denn die alten Pendler, die aus überlieferten Quellen der Erkenntnis schöpfen, sind rar. Was heute auf dem „Pendlermarkt" zu finden ist, ist mehr oder weniger der Ausfluß einer künstlich provozierten Geistesrichtung, deren Anhänger es einfach schick finden, ein wenig Okkultismus zu betreiben. Wägen Sie selbst ab – und am besten erst, wenn Sie sich ein wenig in die Praxis eingearbeitet haben – ob Sie das Pendeln nur aus Langeweile erlernen wollen oder aber, weil Sie einem längst verspürten Drang nachgeben müssen, der Ihre sensitiven Fähigkeiten in eine faßbare Bahn zu lenken vermag.

Kann jeder Mensch pendeln?

Auf diese Frage gibt es ganz entschieden nur eine Antwort – nein! Wäre man grob, könnte man noch hinzufügen, daß auch nicht jeder Mensch in der Lage ist, Dessertlöffel zu verbiegen, sondern ausschließlich „PSI-Künstler" von höchst sensitiver Veranlagung. Nun, ganz so empfindliche Antennen für die „große Kraft" benötigt man zum Pendeln nicht, doch sollten gewisse natürliche Anlagen, ein sensitives Milieu sozusagen, schon vorhanden sein, um mit Hilfe des Pendels zu richtigen Meßergebnissen zu kommen.

Interessant sind die Ausführungen, die der Pendelforscher Ludwig Straniak auf diese Frage gegeben hat, da sie nicht nur auf die Fähigkeit des Menschen, sondern zugleich auf Störfaktoren von außen eingeht:

Zunächst lehrt uns die Erfahrung, daß die Pendelfähigkeit weder an ein Alter noch an ein Geschlecht gebunden ist. Es können schon Kinder im zarten Alter pendeln – und es können Greise mit 70 und 80 Jahren auch noch pendeln. Es können Jünglinge und Jungfrauen, Männer und Frauen und Mütter pendeln. Auch das Wetter spielt keine Rolle. Wohl aber gibt es Zeiten, wo kein Pendel sich rührt, wer immer ihn auch in der Hand hält. Hier sind es meist schwere astrale Störungen, welche durch sehr starke Aufladungen eine völlige Disharmonie zwischen dem Rhythmus der 8. Naturkraft (so bezeichnet Straniak die „große Kraft") und dem Rhythmus der Schwerkraft herbeiführen, so daß die angewendete Pendellänge unbrauchbar wird und jede Aufschaukelung verhindert. Es sind also in diesen Fällen nicht die Menschen schuld daran, daß sich der Pendel nicht rührt, sondern physikalisch-kosmische Ursachen sind hier tätig. Wir sprechen dann von schlechter Zeitsituation.

Aber abgesehen von diesen Fällen, muß es auch physiologische Hindernisse bei einzelnen Menschen geben, warum sie nicht pendeln können. Diese sind uns noch weitgehend unbekannt. Ich kenne bisher nur einige wenige solcher Ursachen. So zum Beispiel bleibt bei mir der Pendel stehen, wenn ich aus der rechten Hand pendle und gleichzeitig meinen rechten Fuß vom Boden abhebe. Experimente zeigen mir aber, daß das bei anderen Menschen auch anders sein kann. Daraus muß man den Schluß ziehen, daß man nicht ohne weiteres berechtigt ist, zu sagen, dieser Mensch ist nicht pendelfähig, weil der Pendel in seiner Hand sich nicht bewegt, vielmehr ist man stets genötigt, den Fall ganz genau zu untersuchen, ehe man ein solches Urteil abzugeben berechtigt ist.

Bedient man sich zur Prüfung der Frage, wie man eine Pendelfähigkeit erkennen kann, eines leblosen Objekts, so läuft man Gefahr, eine vorübergehende astrale Störung als etwas Dauerndes anzusehen und zieht dann einen falschen Schluß aus einem Pendelstillstand. Allerdings wäre es ein Irrtum, zu glauben, daß derjenige, der über der Photographie eines lebenden Menschen eine Kreisung im Uhrzeigersinn herbeiführen kann, sich auch schon zum richtigen Pendeln eignet. Die Fähigkeit, richtig zu pendeln, ist nämlich nicht nur davon abhängig, daß der Pendel in der Hand des Betreffenden sich bewegt, sondern diese Fähigkeit ist noch an eine Reihe weiterer Eigenschaften geknüpft. Hierher gehört vor allem eine richtige Polarität der zehn Finger der beiden Hände. Es bestehen bestimmte Gesetzmäßigkeiten dieser Polarität bei allen guten Pendlern, deren Fehlen, wie mir scheint, ein dauerndes richtiges Arbeiten mit dem Pendel ausschließt.

Es ist der große Irrtum von Anfängern des Pendelns, daß sie glauben, es genüge zum Pendeln die einfache Fähigkeit, Schwingungen des Pendels über Objekten und Photos herbeiführen zu können. Aber die Schwierigkeiten des Pendelns bestehen am allerwenigsten darin, daß der Pendel einmal oder das anderemal nicht schwingt, also Stillstand zeigt, sondern die Schwierigkeiten des richtigen Pendelns liegen in erster Linie in der richtigen Deutung der auftretenden Pendelbewegungen. Und da zeigt sich deutlich, daß die Pendelbewegungen in gewissem Sinne stets die gleichen äußeren Formen aufweisen und von dem unerfahrenen Anfänger nun auch wirklich für etwas „Gleiches" gehalten werden. Das ist grundfalsch. Zwei Dinge sind bekanntlich nur dann einander gleich, wenn sie alle Eigenschaften gemeinsam haben. Und das ist nun bei zwei vollkommen gleich aussehenden dynamischen Pendelfiguren durchaus nicht immer der Fall.

Abgesehen davon, daß es in jedem Fall erforderlich ist, zunächst die Schwingungsfigur darauf zu prüfen, ob sie eine dynamisch einfache oder eine zusammengesetzte Figur darstellt, ist die Deutung der Pendel-

figuren auch dann noch keine leichte, wenn man ihre dynamische Zusammensetzung bereits richtig erkannt hat. Denn sie hängt von dem Gegenstande ab, an dem sie auftritt. Es ist nicht gleichgültig, ob eine Strichung Ost-West über einem Nickelstab oder über der Stirne eines lebenden Menschen auftritt. Kurz gesagt, man muß das betreffende Fachgebiet selbst beherrschen, wenn man eine auftretende Pendelfigur richtig deuten will. Wer also mit dem Pendel zum Beispiel auf dem Gebiet der Geologie arbeiten will, dem bleibt es nicht erspart, sich mit der geologischen Wissenschaft selbst vertraut zu machen, wenn er nicht bloße Zufallserfolge erringen will. Wer mit dem Pendel auf dem Gebiete der chemischen Analyse arbeiten will, der muß sich mit der chemischen Wissenschaft selbst vertraut machen, wenn er wirklich hervorragende Erfolge erzielen will. Wenn er das aber tut, dann allerdings eröffnet sich ihm eine ganz neue Welt, und er kann Erfolge von unerhörter Größe erzielen."
(Aus dem Nachlaß des Pendelforschers und Straniak-Freundes Dr. med. Bruno v. Willmann)

Ob Sie sich dieser ganz privaten Ansicht Ludwig Straniaks bedingungslos anschließen, kann letztendlich nur Ihnen selbst überlassen bleiben. Jedoch sollten Sie trotz dieser recht überzeugend dargebrachten Überlegungen berücksichtigen, daß es noch andere Ansichten gibt, die davon ausgehen, daß man entweder pendeln kann oder nicht, wobei es egal ist, ob man mit einer Eisenschraube oder mit einem Goldstück arbeitet. Auch aus einer Vielzahl verschiedener und zum Teil widersprüchlicher Anweisungen, wie sie in verschiedenen Büchern den Pendelschülern dargelegt werden, die richtigen auszuwählen, kann sich als lebensfüllende Arbeit erweisen. Deshalb sei an dieser Stelle empfohlen, daß Sie sich nicht gleich von Anfang an auf die eine oder andere Richtung festlegen, sondern, daß Sie zunächst einmal ausprobieren, wie sich ein Pendel in Ihrer Hand verhält.

Basteln Sie sich nun einen provisorischen Pendel, den Sie leicht mit einer Schraube, einer Mutter oder einem Ehering und einem Stück Bindfaden herstellen können. Als nächstes nehmen Sie vier große Blätter weißes Papier und malen auf jedes der Blätter eines der vier abgebildeten Symbole (vgl. Abb. 4, Seite 29). Es scheint von Bedeutung, die Symbole auf verschiedene Blätter zu malen, damit Sie am

Anfang Ihrer Pendelübungen nicht von den gerade nicht benötigten Symbolen abgelenkt werden können. Nehmen Sie sich nun als erstes das Blatt mit der vertikalen Achse vor und versuchen, den Pendel aus dem Stillstand allein mit der Kraft Ihrer Gedanken über dieser Längsachse schwingen zu lassen. Nachdem Sie diese Übung auch über der horizontalen Achse sowie über den beiden Kreisen, von denen einer im Uhrzeigersinn und der andere gegen den Uhrzeigersinn verläuft, gemacht haben, legen Sie den Pendel wieder aus der Hand.

Haben die ersten Versuche auf Anhieb geklappt, oder hat sich Ihr Pendel „selbständig" gemacht, indem er sich entgegen Ihren Vorstellungen bewegte oder sogar überhaupt keinen Ausschlag anzeigte? Nun, die Wahrheit ist, daß es jetzt vollkommen unwichtig ist, ob Sie Erfolg hatten oder nicht – es ging bei dieser kleinen Übung lediglich einmal darum, den Pendel und den Vorgang des Pendels zu erspüren, einmal hineinzuriechen in die geheimnisvolle Kunst, über deren praktische Anwendung Sie an anderer Stelle genauer unterwiesen werden.

Seien Sie nicht enttäuscht, wenn dieser Pendelversuch nicht auf Anhieb erfolgreich verlaufen ist – es spielen noch mehr Faktoren hinein, als bloß irgendein Pendelkörper und ein Faden. Vielleicht waren Sie unkonzentriert, vielleicht hat ein elektrisches Gerät den Pendel abgelenkt. Versuchen Sie es zu einer anderen Zeit oder an einem anderen Platz noch einmal, variieren Sie auch die Fadenlänge – kurz gesagt, spielen Sie ein wenig, und experimentieren Sie, um speziell auf Ihre Persönlichkeit und Ihr sensitives Milieu abgestellte Störfaktoren zu entlarven, die Sie am richtigen Pendeln hindern könnten. Sie werden mit der Zeit darauf kommen, daß das Pendeln eine sehr persönliche Angelegenheit ist, die es zu erlernen gilt und bei der es darauf ankommt, einen sehr persönlichen Stil zu finden, der – und das ist der Fehler in den meisten Pendel-Lehrbüchern – ganz und gar nicht pauschaliert werden kann. Nicht jeder kann mit einem Kristallpendel arbeiten, und nicht für jeden gilt die „übliche" Fadenlänge von sechs bis sieben Zentimetern. Sie müssen sich also Ihr Handwerkszeug und Ihren Modus erarbeiten.

Auf der anderen Seite sollten Sie nach einem erfolgreichen Abschluß dieser ersten Übungen nicht versucht sein, sich jetzt sofort für einen großen Pendler zu halten. Zugegeben, sie haben „Fingerchen" – nur, was Sie daraus machen, das ist wieder eine ganz andere Ge-

Symbole für die ersten Pendelausschläge

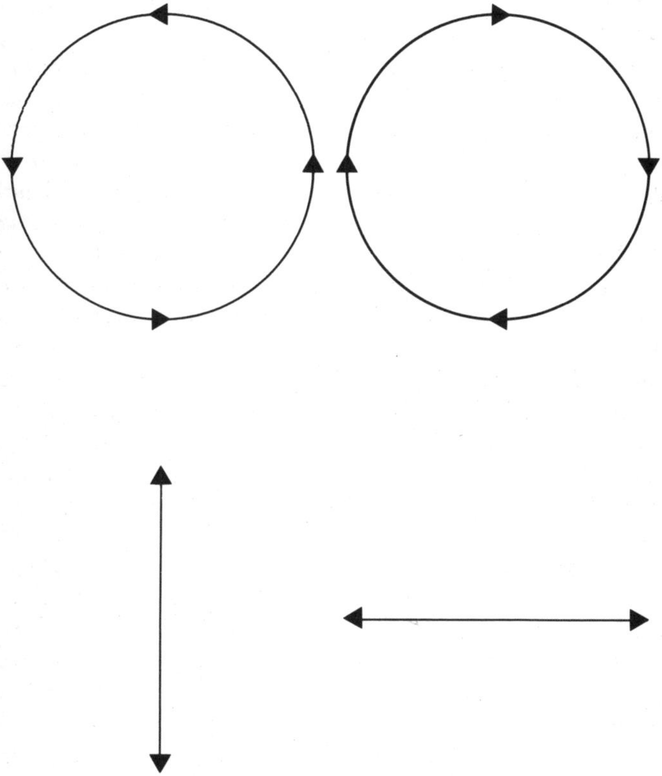

Abb. 4

schichte. Bleiben Sie bescheiden, und nehmen auch Sie sich Zeit, durch Herumexperimentieren auf eventuelle Störfaktoren zu kommen, die Sie unter Umständen am richtigen Pendeln hindern könnten. Zumindest besteht bei Ihnen auf den ersten Blick der Verdacht, daß Sie sich sehr gut für das Pendeln eignen.

Im übrigen können Sie auch an anderen Dingen feststellen, ob Sie ein sensitiver oder ein nichtsensitiver Mensch sind:

- Die Hand des Sensitiven muß nicht die typische Dekadenzform aufweisen – jedoch sprechen Bärenpranken nicht gerade für einen hochsensitiven Menschen
- Sensitive schlafen unruhig, sprechen im Schlaf oder sind Schlafwandler
- Sensitive haben Probleme, mit einem anderen Menschen ruhig in einem Bett zusammenzuschlafen – zudem können sie nur auf der rechten Seite einschlafen
- In dichtgedrängten Menschenversammlungen, ja, sogar im Kreise nur weniger Personen fühlt sich der Sensitive unbehaglich
- Sensitive geben ungern die Hand zur Begrüßung und entziehen sich einem längeren Händedruck gewaltsam
- Die strahlende Wärme der Sensitiven ist sprichwörtlich – sie schwitzen leicht, ihre animalische Wärme kann man unter Umständen noch bis zu einer Entfernung von einem Meter spüren

Natürlich gibt es noch eine ganze Menge mehr typischer Anzeichen für das Vorliegen von Sensitivität, wobei Sie jedoch nicht auf den Irrtum verfallen sollten, Sensibilität mit Sensitivität gleichzusetzen. Menschen, deren Nervenkostüm angegriffen ist, mögen sensibel sein, müssen aber noch lange nicht sensitiv veranlagt sein.

Pendelarten und Sensitivität

Nach diesen einleitenden Vorbemerkungen über den Pendel, die Pendelschwingungen, die Geschichte des Pendelns und die Pendelfähigkeit geht es jetzt allmählich daran, daß Sie beginnen, sich selbst in dieser Kunst zu üben. Doch sind hierzu noch einige Bemerkungen über die verschiedenen Pendelarten, Pendelkörper, Pendelmaterialien und Pendelaufhängungen vonnöten, denn Sie werden sich schließlich einen ganz persönlichen Pendel wünschen, der Ihren Vorstellungen in jeder Weise entspricht und auch astrologisch zu Ihnen paßt. Des weiteren benötigen Sie vor dem Einstieg in die Praxis natürlich noch Informationen über so entscheidende Dinge wie Pendelhaltung und die Deutung der Pendelbewegungen, die mit einem Kapitel über mögliche Störungen bei der Pendelarbeit abgerundet werden.

Das Angebot der verschiedenen Pendelarten steht – um es einmal mit einem alltäglichen Gebrauchsgegenstand zu vergleichen – dem Angebot von Automarken und -typen mit Sicherheit nicht nach. Die grundlegenden Auswahlkriterien Material, Form, Gewicht und Farbe haben zu einer geradezu exzessiven Marktsituation geführt, allein schon, was den Bereich der käuflich erwerbbaren Pendel betrifft. Berücksichtigt man dazu noch das unendliche, der jeweiligen Phantasie überlassene Spektrum im Bereich derjenigen Pendel, die durch Eigenbau angefertigt werden können, so steht der Pendelanfänger vor einem gewiß nicht zu unterschätzenden Problem. „Welcher Pendel paßt nun eigentlich zu mir?" können Sie sich fragen, und die Beantwortung dieser Frage ist bestimmt nicht einfach.

Eines jedoch sollten Sie hierzu wissen, bevor Sie sich an den nachfolgenden kurzen Abriß über die gängigsten Pendelkörper und -materialien machen: Höchst sensitive Menschen brauchen zum „Pendeln" überhaupt keinen Pendel – sie können dank ihrer Veranlagung auf jegliche Hilfsinstrumente verzichten, wenn sie unter dem Einfluß der „großen Kraft" suchen und messen. Diese begnadeten Personen sind jedoch nur äußerst selten anzutreffen. Eher noch als in unserem Kulturkreis, in dem Menschen mit unerklärbaren Fähigkeiten gerne als Spinner abgetan werden und deshalb stets Gefahr laufen, ihr verkanntes Dasein innerhalb der Mauern von psychiatrischen Anstalten verbringen zu müssen, dürften solche Personen wohl unter den Schamanen und Medizinmännern unserer noch verbliebenen Naturvölker zu finden sein.

Die nächste Abstufung nach unten in der Gradeinteilung der Sensitivität führt zu den Menschen, die zwar ein Instrument zum Pendeln benötigen, wobei es letztlich aber gleichgültig ist, ob es sich bei dem Pendelkörper um einen Hosenknopf oder einen goldenen Ohrring handelt. Diese Menschen sehen in dem Pendel lediglich das, was es eigentlich sein sollte, nämlich ein Hilfsinstrument, mit Hilfe dessen sie aufgrund der auftretenden Schwingungen ihre Aussagen treffen können.

Als letzte Gruppe vor denjenigen, die überhaupt nicht in der Lage sind zu pendeln, stehen die Menschen, die unbedingt ihren persönlichen Pendel brauchen – in etwa so, wie es Menschen gibt, die beispielsweise nur in blauen Autos mit bestimmten Sitzen und einer favorisierten Reifengröße fahren wollen oder können. Es handelt sich bittesehr bei dieser Bemerkung keinesfalls um eine Wertung, sondern um die reine Feststellung des menschlichen Phänomens „Geschmack“. Denn da – um bei dem Vergleich zu bleiben – jedes Auto über vier Räder, ein Lenkrad, einen Motor und ein Gaspedal verfügt, könnte es an und für sich egal sein, wie schwer es ist und welche Form oder welche Farbe es hat. Doch ist der Mensch als Opfer der freien Marktwirtschaft und des damit verbundenen Überangebots innerhalb der einzelnen Produktgruppen im wahrsten Sinne des Wortes auf den „Geschmack“ gekommen, der dazu angetan ist, den eigentlichen Sinn und die bloße Funktion einer Sache in den Hintergrund zu drängen.

Trotz diese Anlehnung an andere Produkte unseres täglichen Lebens unterscheidet sich die „Ware“ Pendel doch ganz wesentlich in einem bestimmten Punkt: Der Vorgang des Pendelns und seine sichtbare Auswirkung, nämlich die Ausschläge, sind mit den uns zur Verfügung stehenden Mitteln nicht erklärbar. Somit wird es auch verständlich, daß gerade in der Gruppe der sensitiven Menschen der Wunsch nach einem sehr persönlichen Pendel zu finden ist, der neben der reinen Instrumentenfunktion auch noch andere, mit der „großen Kraft“ unmittelbar in Bezug zu setzende Attribute aufweisen soll. Je

Pendel und Sensitivität

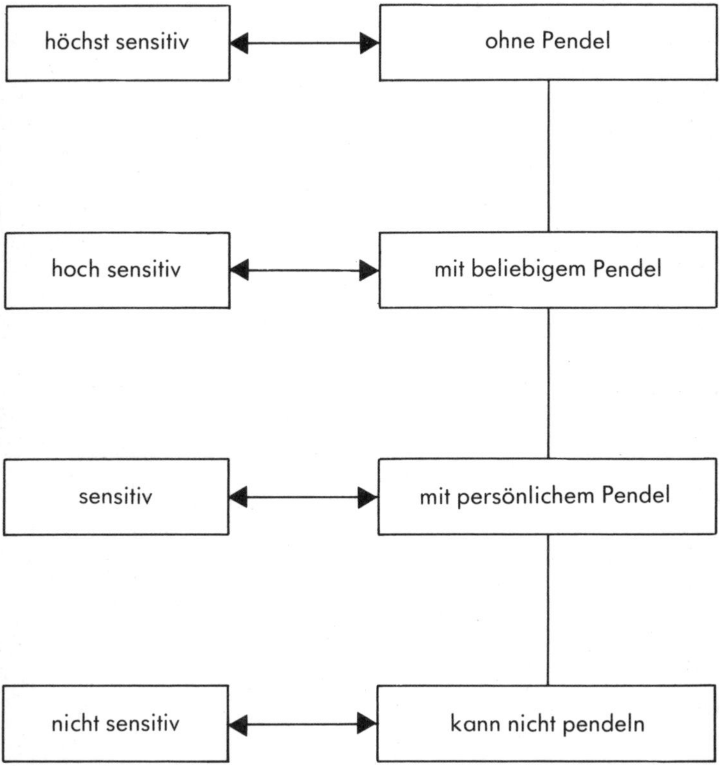

Abb. 5

nach Tierkreiszeichen herrschen – wie wir später noch genauer sehen werden – gewisse Sympathien für bestimmte Farben oder Materialien vor, denen natürlich nachgegeben werden sollte.

Es ist also weniger einem überzeichneten Konsumdenken gleichzusetzen, wenn sich der Pendelanfänger ein Instrument in einem bestimmten Material und von genau festgelegter Form und Farbe wünscht, sondern viel eher als Ausdruck einer anfänglichen Unsicherheit zu sehen, so daß der Pendler hiermit einen vielleicht nur vermeintlichen Mangel an Sensitivität auszugleichen versucht. Dieses keinesfalls überzubewertende Schwächezeichen mag mit zunehmender Sicherheit und mit dem Anwachsen der noch ungeübten sensitiven Energien wieder verschwinden, und meist ist es ein Zufall, der langjährigen Pendlern den Weg aus dieser Zwangsjacke aufweist: Wird der persönliche Pendel einmal versehentlich irgendwo liegengelassen und es ergibt sich, daß trotzdem gependelt werden muß, dann finden diese Menschen plötzlich mit Erstaunen heraus, daß es mit einem Kieselstein und einem Stück Angelschnur ebenso gut geht wie mit dem persönlichen Pendel, auf den man doch so eingeschworen war.

Pendelkörper – Form und Gewicht

Über die Beschaffenheit der Pendelkörper, insbesondere was Form und Gewicht anbelangt, wurde eine Menge geschrieben – und eine Menge Unsinn dazu. Es ist kein billiger Scherz, sondern eine Tatsache, daß selbst Pendler mit langjähriger Erfahrung über ein reichhaltiges Sortiment von Pendeln verfügen, die allesamt ständig im Einsatz sind, je nach dem, was oder wer gerade ausgependelt wird. In manchen Fällen wird sogar ein „Extra-Pendel“ eingesetzt, um zunächst einmal auszupendeln, mit welchem Instrument überhaupt gearbeitet werden soll.

Dies geht natürlich zu weit und macht aus dem einfachen Hilfsinstrument ganz entschieden einen Kultgegenstand, der mit seiner eigentlichen Bestimmung nichts mehr gemein hat. Damit Sie sich vor derartigen Entgleisungen gleich von vorneherein schützen können, scheinen ein paar grundlegende und zwingende Richtlinien für die Form und das Gewicht eines Pendels angebracht zu sein (vgl. Abb. 6, Seite 36).

Zunächst einmal sollte jeder Pendel symmetrisch sein, denn durch diese Form wird das Ablesen selbst kleinster Ausschläge ungemein erleichtert. Zudem können Benutzer von asymmetrischen Pendeln Gefahr laufen, durch die rechts oder links der Längsachse abweichende Form abgelenkt zu werden und so Fehldeutungen provozieren, was sich beispielsweise auf dem Gebiet der Landkartenlesung geradezu verheerend auswirken kann.

Ein weiterer Punkt, der Ihre Beachtung verdient, ist die Beschaffenheit des Pendels an seinem tiefsten Punkt. Diese Stelle sollte unbedingt eine Spitze aufweisen, damit das Instrument seiner Funktion als Zeiger auch gerecht werden kann. Wie bitte wollen Sie mit einem kugelrunden Pendel die genauen Koordinaten über einer Landkarte bestimmen, bei deren Festlegung jeder Millimeter durch die Hebelwirkung des Maßstabs beträchtliche reale Entfernungen ausmachen kann. So eignet sich ein längerer Zylinder, der an seinem unteren Ende spitz zuläuft, weitaus besser zum exakten Pendeln, als beispiels-

Formen von Pendelkörpern

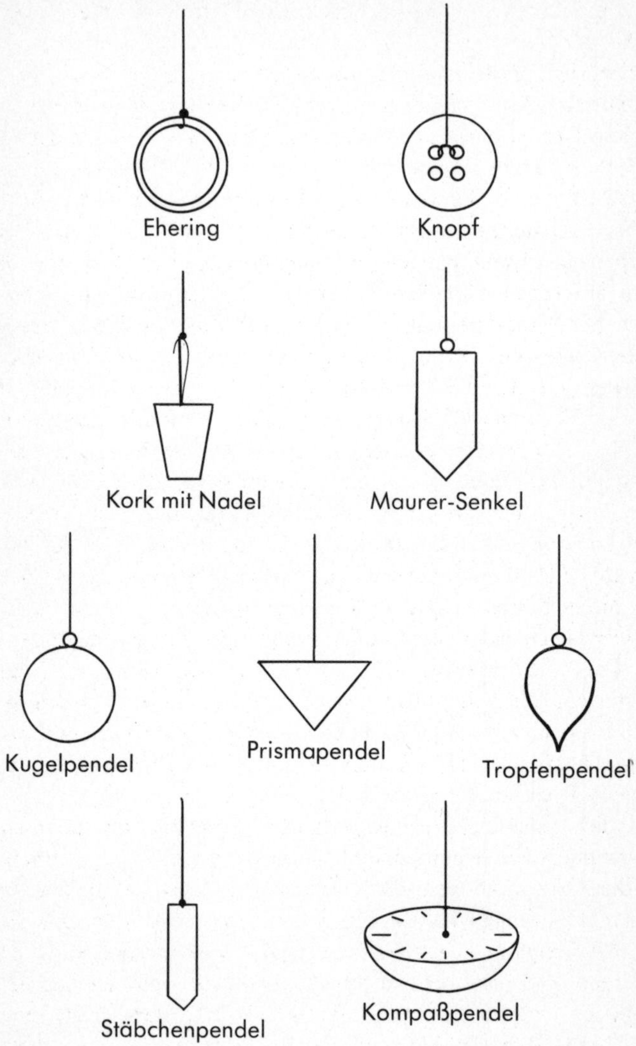

Abb. 6

weise ein Ring oder eine Taschenuhr. Als einfacher und zugleich billig zu erwerbenderPendelkörper erweist sich ein sogenanntes Maurersenkel, mit dessen Hilfe die Senkrechten von Bauwerken ausgelotet werden.

Natürlich spielt bei der Form des Pendels neben diesen durchaus praktischen Aspekten auch die persönliche Neigung für die eine oder andere Gestalt eines Pendels eine Rolle, der Sie getrost nachgeben sollten. Und falls Sie unter den Angeboten auf dem freien oder privaten Markt keinen Pendel finden, der Ihren individuellen Geschmack trifft, dann steht es Ihnen immer noch frei, sich selbst einen Pendelkörper nach Ihren Vorstellungen anzufertigen oder von einer Werkstatt anfertigen zu lassen. Dieses könnte der Fall sein, wenn Sie vorhaben, experimentell zu arbeiten, und Versuche darüber anstellen wollen, wie sich verschiedene Inhalte in einem hohlen Pendelkörper auf die Schwingungen auswirken. Nun hat dieses Vorgehen einen kleinen Nachteil, der sich auf die Ergebnisse Ihrer Experimente verfälschend auswirken könnte: Denn haben Sie beispielsweise den Bauch Ihres Pendels mit Goldstaub gefüllt und wollen in einem nächsten Versuch eine bestimmte Kaffeesorte in Ihren Pendel einschließen, so könnten eventuelle Rückstände des Goldpuders Auswirkungen auf den kaffeebestückten Pendelkörper haben, dessen Ausschläge Sie nun nicht mehr eindeutig zuordnen könnten.

Was das Gewicht des Pendels angeht, gehen die Meinungen in der greifbaren Fachliteratur auseinander – so weit sogar, daß in einem Buch steht, ein Pendel sollte keinesfalls mehr als 65 Gramm wiegen und in einem anderen, daß zuverlässige Ergebnisse nur mit schweren Pendeln von über 150 Gramm zu erzielen wären. Noch einmal soll deshalb an dieser Stelle vor dem grundlegenden Irrtum gewarnt werden, die Ansichten eines Fachbuchautors einfach zu übernehmen und unverändert auf seinen persönlichen Fall zu beziehen. Vielmehr gilt es, diese Informationen, die lediglich die wirklich nur personenbezogenen Erfahrungen des jeweiligen Autors widerspiegeln, zu sammeln, um sich so ein möglichst vollständiges Bild von dem breiten Spektrum der Pendelpraxis zu verschaffen, das zusammen mit den eigenen persönlichen Erfahrungen die Basis für die erste Versuchsperiode mit dem Pendel darstellt. Mit zunehmender Praxis werden dann die angelesenen Fremdinformationen in den Hintergrund treten, um den an-

Pendelgewichte

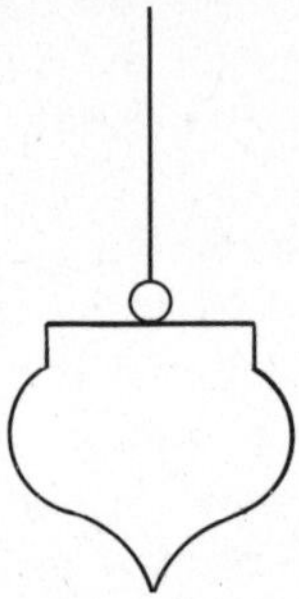

Normalpendel bis 65 Gramm

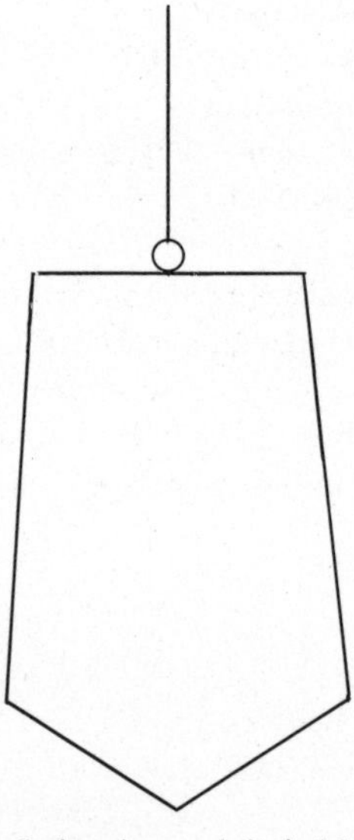

Schwerer Geländependel ab 150 Gramm

Abb. 7

wachsenden eigenen Erfahrungen Raum zu verschaffen – ein natürlicher Vorgang, der zum Erlangen eines persönlichen Stils unabdingbar ist.

Als groben Ausgangspunkt, der mit ein wenig Logik auch selbst zu ermitteln ist, sollten Sie das Pendelgewicht zunächst einmal von den Gegenständen, die Sie bependeln, abhängig machen. Suchen Sie im Umhergehen den Boden nach Wasser oder Erzen ab, dann brauchen Sie natürlich einen möglichst schweren Pendel, damit sich Ihre Gehbewegungen möglichst nicht auf die Schwingungen des Pendels übertragen. Haben Sie dagegen vor, Landkarten in großem Maßstab abzusuchen und Schnittstellen zu finden, ist ein schwerer Pendel natürlich ungeeignet: Für diesen Fall erweist sich ein kleiner und leichter Pendelkörper als wesentlich feinfühliger und genauer. Von der Verwendung von Hohlpendeln, in deren Bauch Sie verschiedene Substanzen einfüllen können, sollten Sie zu Anfang Ihrer Übungen noch Abstand nehmen und sich diese Variante des Pendelns für einen späteren Zeitpunkt aufheben, an dem Sie nicht mehr mit den ersten Anfangsschwierigkeiten zu kämpfen haben.

Als Empfehlung soll deshalb stehen, daß Sie sich zunächst mit zwei Pendelkörpern versorgen, von denen einer zwischen 20 und 50 Gramm und der andere zwischen 100 und 200 Gramm wiegen sollte. Die Form beider Pendel bleibt Ihnen überlassen, doch sollte zumindest der leichte Pendelkörper länglicher Art sein und das untere Ende in eine Spitze auslaufen. Derart gewappnet, besitzen Sie ausreichend Gerät, um die Grundübungen zu absolvieren und ein Gefühl für die Arbeit mit diesem Instrument zu bekommen.

Pendelkörper – Material und Farbe

Auch bei den Auswahlkriterien Material und Farbe verhält es sich so, daß sie für hoch sensitive Menschen gänzlich ohne jede Bedeutung sind, da sie praktisch mit jedem Pendelkörper zu hervorragenden Ergebnissen kommen, egal, ob er nun aus Holz, Glas, Metall, Plastik, Stein, Bein, Wachs, Gold, Silber oder Platin ist, um nur eine Auswahl möglicher Stoffe aufzuzeigen.

Bei nur einfach sensitiven Personen, aber auch bei Pendelanfängern dagegen kann dieser Aspekt durchaus eine Rolle spielen, da zu den einzelnen Materialien gewisse Sympathien und Antipathien bestehen können. So gibt es Menschen, die beispielsweise mit Holz überhaupt nichts anfangen können, dagegen jedoch eine ausgesprochen gute Beziehung zu Kunststoff oder Metall haben oder umgekehrt. Diesen Neigungen soll natürlich nachgegangen werden, um einem eventuellen, vom Unterbewußtsein gesteuerten Fehlverhalten des Instruments vorzubeugen.

Als grober Anhaltspunkt soll hier – was die Metalle anbelangt – eine kleine Tabelle dienen, die das jeweilige Sternzeichen zum Ausgangspunkt hat, nach dem sich bestimmte Vorlieben für das eine oder andere Material sowie die Farbe ergeben:

Sternzeichen	**Metall**	**Farbe**
Wassermann	Blei	indigo
Fische	Zinn	grau, blau
Widder	Eisen	rot
Stier	Kupfer	gelb
Zwillinge	Quecksilber	violett
Krebs	Silber	grün, weiß
Löwe	Gold	orange
Jungfrau	Bronze	blau, violett
Waage	Kupfer	gelb, rosa

Sternzeichen	Metall	Farbe
Skorpion Schütze Steinbock	Eisen Zinn Blei	rot, schwarz blau, purpur braun, rot
(Nach: Hedy Brusius, Edelsteine bringen Glück. Ariston Verlag 1975, Seite 86 bis 87)		

Als weiterer Anhaltspunkt für die Wahl des passenden Materials kann – was die Edelsteine anbelangt – die nachfolgende Tabelle dienen, die den wichtigsten Edelsteinen bestimmte Charaktereigenschaften zuordnet, die mit denen des Trägers möglichst übereinstimmen sollten:

Edelstein	Charaktereigenschaften
Diamant oder Brillant	Gerechtigkeit, Geselligkeit, Führungsqualitäten, Lebensfreude
Saphir und Koralle	eher konservative Grundhaltung, gesundes Standesbewußtsein
Rubin und Perle	extrem konservativ, Neigung zum dünkelhaften Verhalten
Amethyst	unaufdringlich, schüchtern, labil
Türkis	Sensibilität und hohe bis höchste Sensitivität

Edelstein	Charaktereigenschaften
Mondstein und Opal	mystische Eigenschaften
Smaragd	leidenschaftlich und nervenstark
Gold	Wärme, Herz, Männlichkeit
Silber	Kälte, Vernunft, Weiblichkeit
Platin und Weißgold	indifferentes, kompliziertes, aber aufgeschlossenes Wesen
(Nach: Peter Werens, Menschenkenntnis. Compact Verlag 1987, Seite 147 bis 149)	

Natürlich sollten Sie diese Art von Tabellen nicht überbewerten, da sie lediglich mögliche Affinitäten widerspiegeln. Keinesfalls dürfen Sie sich deshalb erhoffen, daß Sie mit Hilfe eines Smaragds die Eigenschaften Leidenschaft und Nervenstärke erhalten – vielmehr zeigt diese Aufstellung nur, daß, um bei dem Beispiel zu bleiben, Menschen, deren überwiegende Charaktereigenschaften Nervenstärke und Leidenschaft sind, eher zu Smaragden neigen als andere Menschen.

Ähnlich verhält es sich auch bei den Farben, wobei Sie ebenfalls eine Tabelle zu Hilfe nehmen können, aus der ersichtlich ist, welche Menschen welche Farben bevorzugen:

Farbe	Charaktereigenschaften
orange	Kreativität, Phantasie und Ideenreichtum, aber auch Unzufriedenheit, Maßlosigkeit, Ziellosigkeit und Willensschwäche

Farbe	Charaktereigenschaften
rot	Mut, Energie, Ehrgeiz, Unternehmungslust, aber auch Unbeherrschtheit, Jähzorn, ungeordnetes Gefühlsleben
gelb	Temperament, Interessenreichtum, Aktivität, aber auch Zynismus, übertriebener Ehrgeiz, Unbeständigkeit
grün	künstlerische Veranlagung, Frische, Natürlichkeit, Unkompliziertheit, aber auch Faulheit, Egoismus, Spieltrieb, Hang zum Verniedlichen, exzessive Lebensführung
blau	Intelligenz, Beständigkeit, Harmonie, Verträglichkeit, Zuverlässigkeit, aber auch überstarke Sensibilität, Emotionslosigkeit
violett	Phantasie, Individualität, Unabhängigkeit, aber auch Hang zur Gefahr, Unausgeglichenheit, Zwiespältigkeit
(Nach: Peter Werens, Menschenkenntnis. Compact Verlag 1987, Seite 139 bis 140)	

Benutzen Sie diese Tabellen als kleinen Anhaltspunkt, falls Sie selbst keine vorherrschenden Neigungen zu einem bestimmten Material oder zu einer bestimmten Farbe verspüren, doch legen Sie nicht allzuviel Gewicht in die angeführten Interpretationen. Der persönliche Pendel stellt lediglich ein Übergangsstadium dar, nach dessen Durchlaufen Sie praktisch mit jedem Pendelkörper arbeiten können, egal, ob es sich dabei um einen gerade gefundenen Kieselstein, ein Hufeisen oder eine Krawattennadel handelt.

Pendelfaden oder -kette?

Nachdem für die Arbeit mit dem Pendel nicht nur der Pendelkörper, sondern auch eine entsprechende Aufhängung benötigt wird, die ihm ermöglicht, in Schwingungen zu fallen, bietet sich hier ein weiterer Ansatzpunkt für breit angelegte Fetische.

Die verschiedenen Empfehlungen für die eine oder andere Aufhängung erstrecken sich nicht nur auf besonders „geeignete" Materialien, sondern sie machen auch nicht vor der Art der Befestigung des Fadens am Pendelkörper halt. Von Frauen- oder Pferdehaar ist da die Rede – aber bitte keine Wolle – von dünnen „Doppelbändern" (was immer das auch sein mag), von Leinen- und Hanfschnüren sowie nicht zu dünnen Naturseidenfäden. Weiterhin wird empfohlen, den Faden im Abstand exakt festgelegter Entfernungen von der Öse mit Knoten zu bestücken, von denen einige nur einfach, andere doppelt geschlagen sein sollen.

Wenn Sie solche oder ähnliche Anweisungen lesen, sollten Sie nicht gerade darüber lachen, aber diesen Forderungen auch nicht unbedingt nachkommen. Sehen Sie diese Informationen als das an, was sie darstellen: Den Erfahrungsausfluß eines einzelnen Pendlers, der diesen schriftlich niedergelegt und der Allgemeinheit zugänglich gemacht hat. Über den Sinn solchen Vorgehens kann man streiten, denn dieser Mitteilungsdrang hat nicht nur den Vorteil, die Neugierde der Leser zu befriedigen oder sogar Tips zu geben. Die große Gefahr – und das betrifft Lehrbücher zu allen Disziplinen, die nicht mittels exakter Messungen unterbaut werden können – besteht darin, persönliche und ganz individuell gefundene Ergebnisse zu Gesetzmäßigkeiten zu erklären und auf den „Rest" der Anwender übertragen zu wollen. Das geht natürlich nicht, denn ein persönliches Ergebnis kann nicht projeziert werden, hängt es doch unmittelbar mit der experimentierenden Person zusammen. Vielmehr können solche als Gesetzmäßigkeiten verkauften individuellen Erfahrungen allerhöchste Verwirrung stiften, wenn es plötzlich einfach nicht so klappt, wie es so schön beschrieben wurde.

Pendel-Aufhängung

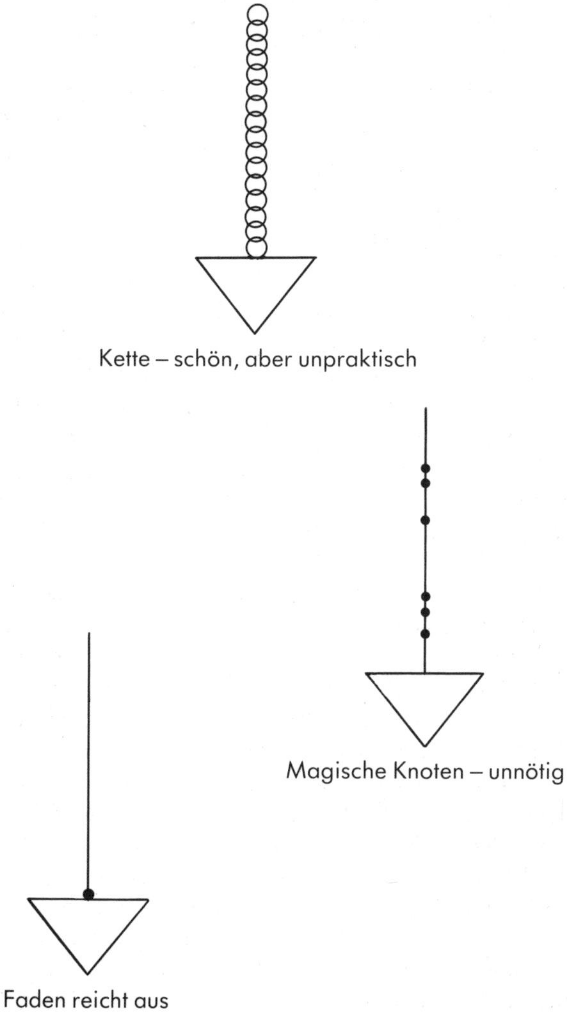

Abb. 8

Vergessen Sie deshalb alles, was Sie bisher über den Punkt „Pendelaufhängung“ gehört oder gelesen haben, und nehmen Sie, was Ihnen am meisten zusagt. Auch bei der Knüpfung „magischer“ Knoten sollen Sie absolut freie Hand haben und dabei ein wenig nach Ihrer Eingebung gehen. Zu der Frage „Faden oder Kette?“ kann die logische Überlegung weiterhelfen, da sich dieser Punkt ausschließlich nach dem Gewicht des verwendeten Pendelkörpers richtet. Einen Faden können Sie zu jedem Pendel, egal ob er nun 20 Gramm oder 200 Gramm wiegt, nehmen. Einen 20-Gramm-Pendel jedoch mit einer Kette zu bestücken, deren Eigengewicht unter Umständen das des Pendelkörpers übertrifft, kann sich als ausgesprochen unsinnig erweisen und zu falschen Meßergebnissen führen. Als Fazit zu diesem Aspekt soll deshalb die grobe Anweisung stehen: Faden immer – Kette nur bei schweren Pendelkörpern.

Ob die Wahl der Kette nun auf Gold, Silber oder auch ein anderes Material fällt, ist ganz entschieden Geschmackssache, wobei natürlich zu einem goldenen Pendelkörper eine entsprechende goldene Kette weitaus besser paßt als beispielsweise eine Kette aus Aluminiumkügelchen. Fällt Ihre Wahl auf einen Nylonfaden, so werden Sie bald bemerken, daß dieser für leichtere Pendel nicht gerade ungeeignet ist, aber doch ein höchst eigenwilliges Verhalten aufweisen kann. Transportieren Sie nämlich den Pendel in einer Tasche und der Nylonfaden wird dabei verknäult, so kann es vorkommen, daß er beim anschließenden Pendeln nicht mehr auszubügelnde Verdrehungen beibehält, was anfängliche verwirrende Drehbewegungen des Pendelkörpers zur Folge haben kann.

Ausgerüstet mit diesen grundsätzlichen Hinweisen wird es Ihnen nicht schwer fallen, eine passende Aufhängung für Ihren Pendelkörper zu finden, und legen Sie nicht allzuviel Energie in diese vorbereitenden Maßnahmen – viel wichtiger als das Material der Pendelaufhängung ist die Länge des Pendelfadens, auf die im folgenden Kapitel eingegangen wird.

Die Fadenlänge

In einigen Lehrbüchern über das Pendeln können Sie lesen, daß die Fadenlänge zwischen sechs und sieben Zentimetern betragen soll, in anderen wiederum steht geschrieben, daß der Faden zwischen 14 und 17 Zentimeter lang sein soll, um zu brauchbaren Ergebnissen zu kommen.

Sie werden bereits ahnen, daß es sich bei derartigen Angaben ebenfalls um ganz persönliche Maße handelt, die natürlich keinesfalls pauschaliert werden dürfen. Als maximale Länge für Pendelkörper mit einem Gewicht bis zu 100 Gramm nehmen Sie am besten einen Faden von 30 Zentimetern, bis zu 200 Gramm einen Faden von 60 Zentimetern und für schwere Geländependel, die im Umhergehen benutzt werden, setzen Sie die maximale Länge auf einen Meter fest.

Nun, diese Angaben zu den maximalen Fadenlängen stellen natürlich nur Richtmaße dar, die keineswegs zwingend sind – jedoch ist es ziemlich unwahrscheinlich, daß Sie bei Ihrer Arbeit mit dem Pendel noch längere Fadenmaße benötigen werden. Um auch hier eventuellen Mißverständnissen vorzubeugen, sei gesagt, daß die maximale Länge nichts mit der Fadenlänge zu tun hat, mit der Sie letztendlich arbeiten werden. Diese Länge stellt lediglich eine Begrenzung dar, deren Überschreiten wegen einer möglichen Beeinflussung der Pendelausschläge zu falschen Meßergebnissen führen könnte.

Nehmen Sie nun Ihren Pendel zur Hand, um ein Gefühl für die richtige Fadenlänge zu bekommen, die für das Ergebnis einer Lesung – wie die Arbeit mit dem Pendel auch genannt wird – von größter Bedeutung ist. Halten Sie den Pendel zunächst mit einer Fadenlänge von einem bis drei Zentimetern, also relativ kurz. Sie können jetzt feststellen, daß jegliche Pendelbewegung ausbleibt, einfach weil der Hebel zwischen Ihren Fingern und dem Pendelkörper so kurz ist, daß er einer starren Verbindung nahekommt. Selbst wenn Sie Ihren Pendel absichtlich in Schwingung versetzen, wird er mit dieser kurzen Fadenlänge sofort wieder in den Ruhezustand zurückkehren und sich ausschließlich nach den Gesetzmäßigkeiten der Schwerkraft orientie-

Fadenlänge

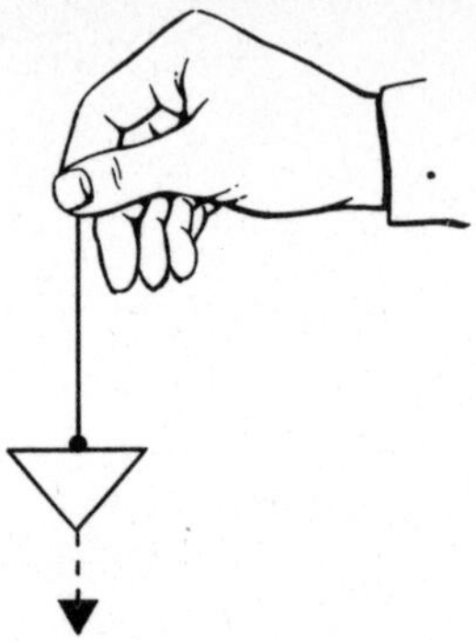

Faden zu kurz, Pendel schwingt nicht

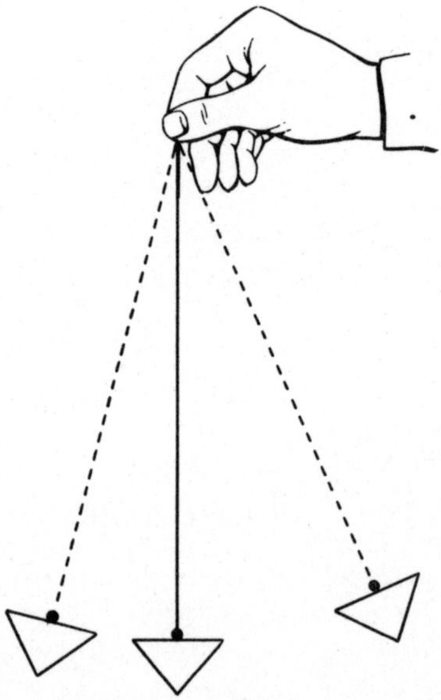

Faden zu lang, Pendel ist manipulierbar

Abb. 9

ren. Probieren Sie jetzt durch langsames Zugeben der Fadenlänge den Grenzpunkt zu ermitteln, an dem diese kurze Stillstandslänge in einen Bereich übergeht, in dem Ihr Pendel von selbst auszuschlagen beginnt. Während dieser Übung können Sie durch leichte Bewegungen der haltenden Hand die Schwingungen auch manipulieren, um festzustellen, ob die Pendelausschläge fortdauern oder eher dazu neigen, in den Ruhezustand zurückzukehren.

Haben Sie den kritischen Punkt, ab dem der Pendelkörper weiterschwingt, ohne sofort nach einer Ruhestellung zu streben, auf diese Weise ermittelt, so markieren Sie die Fadenlänge mit einem Farbtupfer, einem Stück Klebeband oder einem Knoten. Nun fahren Sie in der Übung fort und geben nach und nach immer mehr Fadenlänge zu, bis Sie am Ende angelangt sind. Konzentrieren Sie sich dabei auf Ihre Arbeit und nehmen dabei zweckmäßigerweise die Testübung aus dem Kapitel „Kann jeder Mensch pendeln?“ zu Hilfe. Sie werden zwangsläufig zu dem Ergebnis kommen, daß die Pendelübungen desto einfacher werden, je mehr Faden Sie zugeben – ganz einfach deshalb, weil bei einer maximalen Fadenlänge bereits kleinste Zuckungen der haltenden Finger den Pendelkörper in die „gewünschte“ Richtung leiten.

Wenn Sie nun für Ihre Arbeit die Pendellänge nehmen, die ein wenig, vielleicht einen halben bis einen Zentimeter, über Ihre Markierung hinausgeht, dann haben Sie für Ihren persönlichen Pendel Ihre ganz persönliche Fadenlänge, mit der Sie zu zuverlässigen Ergebnissen kommen können. Verfallen Sie bitte nicht in die Versuchung, durch eine Verlängerung der Fadenlänge zu leichteren Arbeitsbedingungen zu gelangen – dieses Vorgehen wäre glatter Selbstbetrug und ließe jede Lesung in eine manipulierte Veranstaltung ausarten.

Eine weitere Methode zur Justierung der richtigen Fadenlänge stammt von dem französischen Pendelforscher Graf Henry de France: Er kennt nicht nur die persönliche Fadenlänge, sondern zudem eine objektbezogene Pendellänge, die je nach dem variiert, welches Objekt gerade ausgependelt wird. Nehmen Sie hierzu wieder Ihren Pendel mit einer relativ kurzen Fadenlänge zur Hand und lassen ihn über einem bestimmten Objekt bedächtig hinuntergleiten. Nach de France ist die Fadenlänge genau an dem Punkt reguliert, an dem die anfängliche Strichschwingung in eine kreisförmige Schwingung im Uhrzeigersinn übergeht.

Nehmen Sie sich nun ein wenig Zeit zum Experimentieren, und versuchen Sie, die kritischen Punkte, an denen zum einen die Strichbewegung und zum anderen die Kreisbewegung einsetzt, für verschiedene Objekte zu ermitteln. Achten Sie dabei jedoch immer darauf, mit einer möglichst kurzen Fadenlänge zu beginnen und anschließend im Zeitlupentempo mit der Fadenlänge nachzugeben. Falls Sie Besitzer von zwei Pendeln verschiedenen Gewichts sind, wiederholen Sie die Versuche auch mit dem zweiten Pendel, und vergleichen Sie anschließend die gewonnenen Ergebnisse. Vielleicht können Sie auf diesem Wege zu allein für Sie geltenden Gesetzmäßigkeiten gelangen, die Ihnen Ihre zukünftige Arbeit mit dem Pendel erleichtern, denn beispielsweise könnten für Lebensmittel einheitliche Längen bestehen und für Fotos wiederum übereinstimmende Fadenlängen gültig sein. Wie es sich jedoch genau in Ihrem Fall verhält, kann hier nicht beschrieben werden – diesen Schritt müssen Sie selbst unternehmen. Untermauern Sie Ihre Ergebnisse möglichst mit mehreren Durchläufen, am besten auch an verschiedenen Tagen und zu verschiedenen Uhrzeiten. Und nehmen Sie dann die Werte, die am meisten übereinstimmen.

Durch diese praktische Arbeit werden Sie nun auch zu dem Resultat kommen, daß eine Kette als Pendelfaden die Arbeit nicht unbedingt erleichtert: Das Hinabgleitenlassen eines Fadens ist ohne Zweifel müheloser und zudem nicht durch Stolperschwellen behindert, wie sie die einzelnen Kettenglieder darstellen.

Tabelle zur Methode von de France

Objekt	Beginn der Strichung in cm Fadenlänge		Beginn der Kreisung in cm Fadenlänge	
	Pendel I	Pendel II	Pendel I	Pendel II

Abb. 10

Der persönliche Pendel

Hat ein anderer mit Ihrem Pendel gearbeitet, so sollten Sie es vor Beginn der nächsten Lesung in die geschlossene rechte Hand nehmen und es dreimal unter starker Konzentration anhauchen.
(Greg Nielsen/Joseph Polansky, Die Magie des Pendels. Heyne Verlag 1986, Seite 53)

Was soll man von diesem Zauberspruch halten, der sehr stark an Tom Sawyers vollmondbestrahlte Friedhofsabenteuer mit einer toten Katze erinnert? Natürlich steht es Ihnen frei, sich gewissen okkulten Ritualen anzuschließen und sich im gleichen Atemzug auch den daraus hervorgehenden Zwängen zu unterwerfen – doch seien Sie sich immer bewußt, daß diese Handlungen in den häufigsten Fällen das Fehlen eigener Sensitivität ersetzen sollen. Überhaupt gilt als eine der banalsten Lebensweisheiten, daß der Schmuck und die Rituale dort am üppigsten anschwellen, wo am meisten zu verbergen ist. Eine alte Spielregel der Menschheit, deren Kern bereits von dem in der ersten Hälfte des 17. Jahrhunderts lebenden spanischen Schriftsteller Baltasar Gracian auf das trefflichste in seinem Buch *Hand-Orakel* entblößt wurde und hier in der Übersetzung Arthur Schopenhauers wiedergegeben wird:

Nicht, aus Besorgnis trivial zu sein, paradox werden. Beide Extreme schaden unserem Ansehen. Jedes Unterfangen, welches der Gesetztheit zuwiderläuft, ist schon der Narrheit verwandt. Das Paradoxon ist gewissermaßen ein Betrug, indem es Anfangs Beifall findet, weil es durch das Neue und Pikante überrascht: allein wenn nachher die Täuschung verschwindet und seine Blößen offenbar werden, nimmt es sich sehr übel aus. Es ist eine Art Gaukelei und in Staatsangelegenheiten der Ruin des Staats. Die, welche nicht auf dem Weg der Trefflichkeit es zu wahrhaft großen Leistungen bringen können, oder sich nicht daran wagen, legen sich auf das Paradoxe: von den Toren werden sie bewundert: aber viele kluge Leute werden an ihnen zu Propheten. Es beweist eine Verschrobenheit der Urteilskraft, und wenn es auch bisweilen nicht auf das Falsche sich gründet, dann doch auf das Ungewisse, zur großen Gefahr wichtiger Angelegenheiten.

Dieser kleine Ausflug zu längst bekannten Gesetzmäßigkeiten menschlichen Verhaltens hat Ihnen möglicherweise aufgezeigt, was es mit dem persönlichen Pendel auf sich hat. Vielleicht ein wenig hart, aber dafür um so unmißverständlicher soll also hier nochmals ausgedrückt werden, daß derartige Rituale wie das Anhauchen oder Abstreifen des Pendels allein für diejenigen in Frage kommen, die nicht richtig Pendeln können. Natürlich muß in diesem Zusammenhang einlenkend angeführt werden, daß es sich mit einem persönlichen Pendel nicht anders verhält als mit Ihrem Lieblingssessel, Ihrem Lieblingsauto und – unter bestimmten Umständen – mit Ihrem Lieblingspartner. Bei all diesen Dingen und Personen gesellt sich zu der mehr oder weniger gerechtfertigten Eigentumsvorstellung der Wunsch nach ausschließlicher Nutzbarkeit. Wird diese Exklusivität gestört, wird die im Normalfall damit verbundene Freude durch einen von Typ zu Typ verschieden hoch ausfallenden Ärger verdrängt, der darauf gerichtet ist, möglichst schnell den Urzustand wiederherzustellen.

Nun, bei einem so kleinen Gegenstand wie einem Pendel dürfte es Ihnen nicht sonderlich schwerfallen, ihn einem öffentlichen Gebrauch zu entziehen, wenn Sie dies nicht wünschen. Und sollten Sie doch einmal bemerken, daß Ihr Pendel von fremden Händen berührt worden ist, dann machen Sie doch einfach die Probe aufs Exempel. Gehen Sie die Übungen nochmals durch, die Sie zur Justierung der richtigen Fadenlänge durchlaufen haben – Sie werden selbst merken, daß Ihrem Pendel durch die Fremdbenutzung kein Leid angetan wurde und Ihnen auch – wie es in einigen Pendelbüchern angedroht wird – der Zugang zum Unterbewußtsein nicht verbaut worden ist.

Die Pendelhaltung

Bevor Sie darüber erfahren werden, wie der Pendel am besten zu halten ist, sollten Sie sich über zwei wesentliche Dinge Gedanken machen, die über Erfolg oder Mißerfolg Ihrer Meßergebnisse mitentscheiden können. Zum einen sollten Sie – wann immer Sie Ihren Pendel zur Hand nehmen – eine kerzengerade Körperhaltung einnehmen, indem Sie die Wirbelsäule strecken und den Kopf gerade halten (vgl. Abb. 11, Seite 54). Mit „Kopf gerade" ist das Ausbalancieren des Kopfes auf dem Hals gemeint, so daß keinerlei Muskelkraft vonnöten ist, die der Schwerkraft eines nach hinten oder vorne hängenden Kopfes entgegenwirken muß. Sie können diese Ruhestellung am besten herausfinden, indem Sie den Kopf durch leichtes Vor- und Zurückwippen zunächst in der Längsachse und dann durch ein Auspendeln in der Querachse einjustieren. Dieses Vorgehen soll Ihre Hals- und Nackenmuskulatur entkrampfen und zu einer aufrechten, aber trotzdem lockeren Körperhaltung führen, in der die Chance am größten ist, sich maximal zu konzentrieren, ohne sich jedoch zu verspannen.

Zum anderen sollten Sie darauf achten, daß Sie beim Pendeln in Sitzhaltung die Füße in keiner Weise überkreuzen. Diese Mahnung soll nicht nur verhindern, daß Sie – bei übergeschlagenen Beinen – zu verkrampft oder – bei übergeschlagenen Füßen – zu lässig sitzen, sondern in der Hauptsache, daß einer Ihrer Füße in der Luft hängt, was die Meßergebnisse entscheidend verfälschen kann. Stellen Sie beim Sitzen beide Füße mit der vollen Fläche auf den Boden, was am bequemsten vonstatten geht, wenn Ober- und Unterschenkel im Kniegelenk einen rechten Winkel bilden. Sehen Sie Ihre Füße als Erdung an – als leitende Verbindung, die bei von Menschenhand geschaffenen Empfangsgeräten und Hochspannungsanlagen ebenfalls notwendig ist.

Nehmen Sie nun Ihren Pendel in die Hand, so wie es Ihnen gerade einfällt und ohne groß darüber nachzudenken, welche Finger sich besonders gut dafür eignen könnten, den Pendelfaden zu umfassen

Körperhaltung beim Pendeln

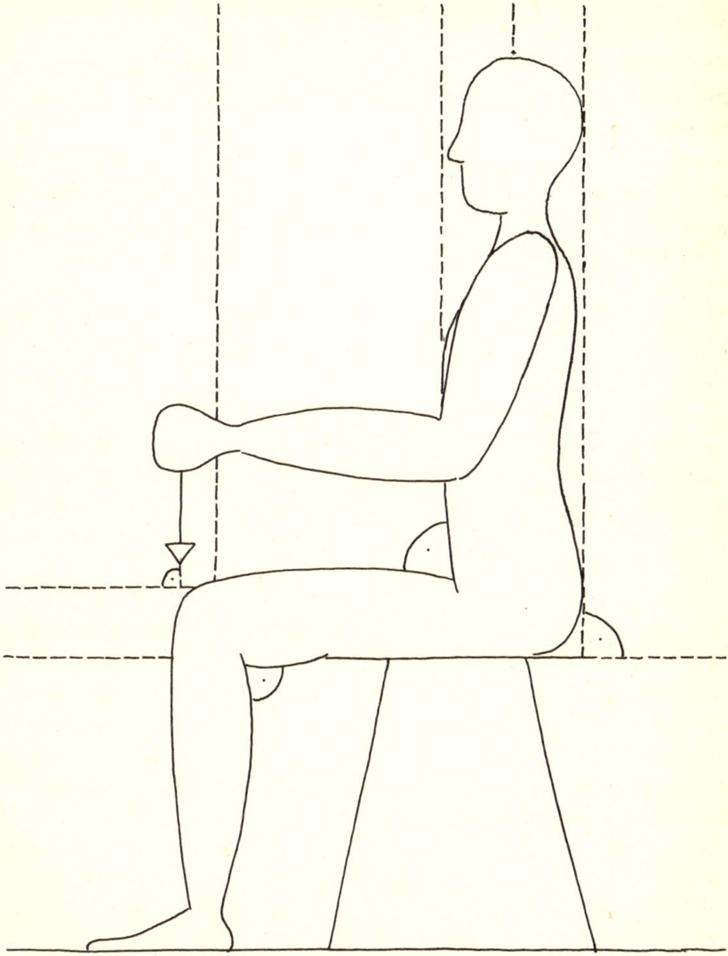

Abb. 11

(vgl. Abb. 12, Seite 56). Zwischen welchen Fingern halten Sie den Pendelfaden? Oder haben Sie das Ende des Fadens über einen Finger gehängt? Benutzen Sie die rechte oder die linke Hand, um den Pendel zu halten? Was machen Sie mit dem Rest des nicht benötigten Pendelfadens? Lassen Sie ihn frei hängen, stecken Sie ihn in die hohle Hand, oder wickeln Sie ihn kunstvoll um die anderen Finger? Haben Sie den Arm, mit dem Sie den Pendel halten, auf dem Tisch aufgestützt? Halten Sie die Pendelhand mit der anderen Hand fest? Haben Sie Ihr Gesicht und Ihren Körper beim Pendeln nach Süden gerichtet?

Sie können an dieser Stelle sehen, mit welchen Fragen sich Pendler und Pendelforscher geradezu aufreiben, um zu versuchen, bestimmte Gesetzmäßigkeiten für bestimmte Pendelhaltungen herauszufinden. Sie haben nun drei Möglichkeiten, wie Sie Ihre weitere Arbeit mit dem Pendel gestalten können: Zum einen können Sie sich mit der im Anhang aufgeführten Literatur eindecken und die darin aufgeführten Regeln übernehmen. Zum anderen können Sie darangehen, durch entsprechende Versuchsreihen und Experimente Ihre eigenen Gesetzmäßigkeiten herauszufinden und – falls Sie damit ein Buch füllen können – dann die entsprechende Literatur um ein weiteres Werk anreichern. Als dritte Möglichkeit steht es Ihnen natürlich auch frei, sich den Teufel um Pendelhaltung, Polarität der Finger und Ähnliches zu scheren, sondern den Pendel einfach so zu fassen, wie es Ihnen Spaß macht.

Nun, die endgültige Entscheidung liegt in diesem Punkt ausschließlich bei Ihnen, doch ein ganz wesentlicher Aspekt bei der Pendelhaltung soll auch in diesem Buch angeschnitten werden: Die Aufhängung des Pendelfadens, also Ihre Finger, müssen in absoluter Ruhestellung sein. Bedenken Sie also bei Ihrer Entscheidungsfindung, daß ein ausgestreckter Finger, über den der Pendelfaden gehängt wird, in den meisten Fällen wie ein Blatt im Wind hin- und herschwankt. Bedenken Sie weiterhin, daß ein auf einen Tisch gestützter Arm die pendelhaltende Hand noch am ehesten vor Muskelzuckungen bewahrt, die Einfluß auf die Pendelbewegungen haben könnten. So drängt sich die Überlegung auf, ob es nicht am sinnvollsten ist, beide Ellenbogen auf den Tisch zu stützen und mit der freien Hand zusätzlich noch die Hand, mit der der Pendelfaden gehalten wird, festzuhalten. Nehmen Sie diese Überlegungen als Anregungen, keinesfalls jedoch als Ver-

Pendelführungen

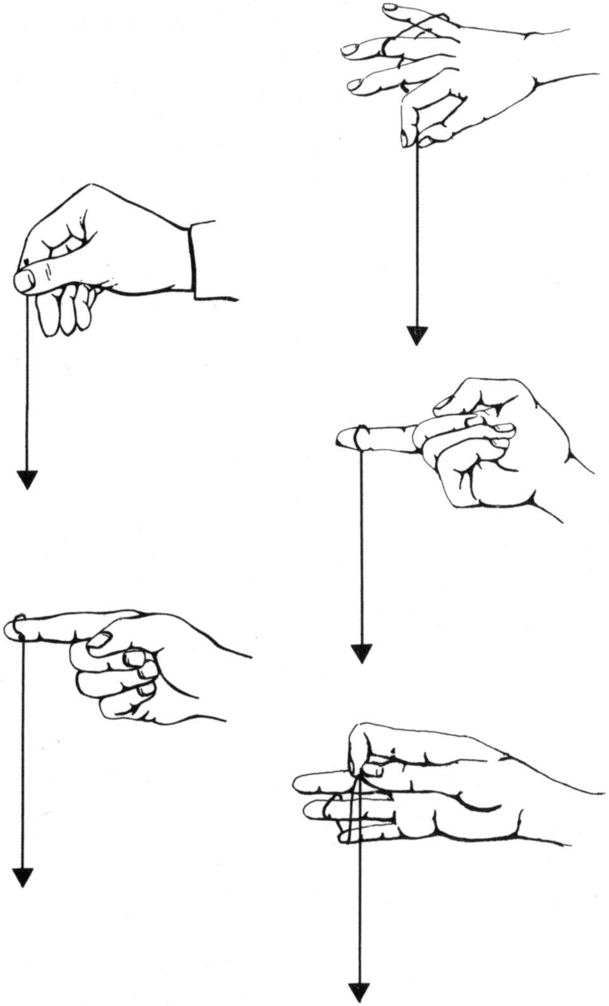

Abb. 12

ordnungen, denn Sie sollen selbst herausfinden, wie Sie den Pendel am sichersten führen und dabei die Möglichkeit der Fingerzuckungen auf ein Mininum reduzieren.

Zu einer ruhigen Pendelhaltung kann auch beitragen, daß Sie Ihren Blick nicht auf die Finger der Hand, die den Pendelfaden hält, richten. Machen Sie sich hier einen Trick zu eigen, den Bedienungspersonal beim Jonglieren von Tabletts anwendet: Wollen sie vermeiden, daß das Tablett zu schwanken beginnt und der Inhalt von vollen Tassen oder Gläsern verschüttet wird, richten sie ihren Blick bewußt vom Tablett weg und fixieren dafür einen Punkt in der Ferne. Würden sie dagegen beschwörend das Tablett oder gar die Tassen anstarren, geriete die Ladung mit Sicherheit in unkontrollierbare Schwankungen. Wenn Sie also Fingerzuckungen möglichst ausschalten wollen, richten Sie Ihren Blick bewußt von ihnen fort und konzentrieren Sie ihn stattdessen auf den Pendelkörper. Falls Sie ein bestimmtes Objekt unter dem Pendel bearbeiten, steht natürlich auch dieses als Ziel Ihrer Blickrichtung zur Auswahl.

Des weiteren werden Sie nach kurzer Pendelpraxis bereits bemerken, daß Ihr Pendel, sobald Sie ihn fixieren, vor Ihren Augen zu verschwimmen beginnt und Sie ihn unter dem Einfluß gesammelter Konzentration schließlich überhaupt nicht mehr wahrnehmen. Diese Situation ist für jede Lesung die günstigste – Sie haben in diesem Moment die Ebene, in der Sie sich von der Pendelhaltung, Pendellänge oder Sonstigem ablenken lassen, verlassen und befinden sich in einem Stadium, das Ihnen den Zugang zum Unterbewußtsein und zu den Signalen der „großen Kraft" eröffnet.

Pendelbewegungen

Nach all diesen vorbereitenden Kapiteln, in denen Ihnen die für Ihre Arbeit mit dem Pendel notwendigen Grundlagen vermittelt wurden, betreten Sie nun den Raum, in dem Sie die Skala Ihres Instruments justieren und festlegen.

Wie Sie bereits anhand der Übungen aus dem Kapitel „Kann jeder Mensch pendeln?" ersehen haben, tritt das Phänomen der Pendelbewegungen nicht nur als Strichung, sondern auch als Kreisung auf, wobei innerhalb dieser Schwingungsarten noch unter verschiedenen Richtungen differenziert wird. Zu diesen zwei Grundbewegungen gesellt sich noch eine dritte Schwingungsart, nämlich die Form der Ellipse, die zunächst einmal als Mischform zwischen Strichung und Kreisung zu betrachten ist. Diese Grundbahnen können nun von dem Pendel in unterschiedlicher Intensität durchzogen werden, so daß die Bewegung langsam und langgezogen, kurz und lebhaft sowie ausgesprochen ungestüm verlaufen kann, wobei sich der Pendel ähnlich wie eine Schiffschaukel nahezu überschlagen kann. Desweiteren sind auch innerhalb dieser Intensitäten Unregelmäßigkeiten zu beobachten, die von einer Sekunde auf die andere schlagartig wechseln können, so daß bereits mit diesen sichtbaren Signalen ein ungeheuer breites Meßpotential vorliegt.

Konsequenterweise muß nun ein Punkt angesprochen werden, der ein wenig heikel ist, da er der herrschenden Meinung unter den Pendelforschern ganz und gar gegen den Strich laufen wird. Nehmen Sie dazu Ihren Pendel zur Hand und gehen die verschiedenen Bahnen nochmals durch, versuchen Sie zunächst eine Strichung Nord-Süd und dann Ost-West herbeizuführen, dann eine Ellipsenbahn und schließlich eine Kreisung jeweils im sowie gegen den Uhrzeigersinn. Sie mußten sich konzentrieren – ja, vielleicht haben Sie sich derart konzentriert, daß Sie in völlige Versenkung gefallen sind, in der Sie nichts weiter als die verschwommenen Bewegungen Ihres Pendels wahrgenommen haben. Nun ist es jedoch Sitte unter den Pendlern, die die Richtung dieser Kunst bestimmen, die Bewegungen zu dokumentie-

Schwingungsmuster

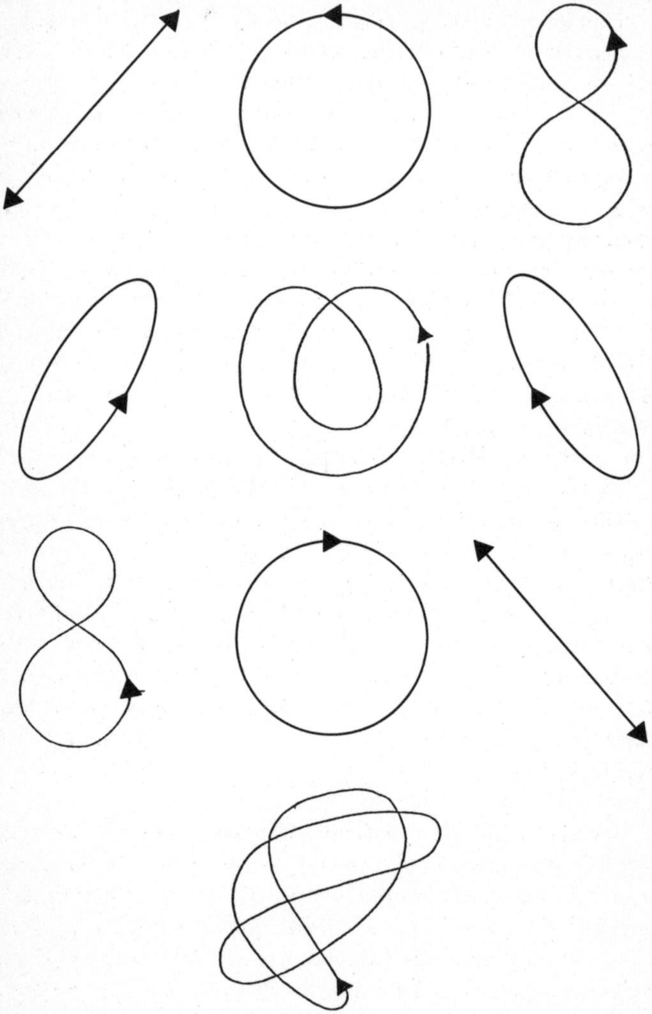

Abb. 13

ren. Nicht nur, daß die Zahl der jeweiligen Strichungen, Ellipsenbahnen und Kreisungen sowie deren Richtungen mitgezählt werden, um derart die Ergebnisse von Versuchsreihen und somit Gesetzmäßigkeiten zu fixieren, sondern auch von exakten Gradeinteilungen und Winkelmaßen ist die Rede, die sich dann wiederum je nach Material und Farbe des Pendelkörpers unterscheiden.

Wie, bitte, wollen Sie das alles zur gleichen Zeit anstellen: Zählen, messen, schreiben – und „daneben" noch pendeln? Wie soll es möglich sein, zugleich analytisch zu denken und zu pendeln? Es besteht hier die Gefahr, daß die eigentliche und ursächliche Tätigkeit des Pendelns zunehmend von akribischem und pseudo-wissenschaftlichem Gehabe verdrängt wird, so daß die sowieso schon engen Schleusen, durch die wir „große Kraft" verspüren können, noch enger werden, bis sich schließlich der Pendel in ein reines technisches Instrument verwandelt hat, dem aber doch somit die Grundlage entzogen worden ist.

Bedenken Sie diesen Aspekt bei der weiteren Lektüre dieses Buches, das der Vollständigkeit halber auch auf die wichtigsten Analysemethoden der „modernen" Pendelforschung eingeht, und scheuen Sie sich nicht davor, die entsprechenden Passagen mit Ihrem ganz persönlichen Urteil zu belegen und gegebenenfalls einfach zu überlesen.

Auch auf einen weiteren Punkt soll in diesem Zusammenhang die Sprache kommen, den Sie – falls Sie bereits ein „alter Hase" sind – bisher möglicherweise vermißt haben. Es ist oft die Rede von der sogenannten Antenne, die vornehmlich durch das Ausstrecken der linken Hand gebildet wird und die Pendelbewegungen positiv beeinflussen soll. Pendelforscher Straniak erklärt diese Wirkung auf folgende Weise:

Wenn man die LH (linke Hand) nach einer der sechs Hauptrichtungen des Raumes (das sind Osten, Westen, Norden, Süden, die Höhe und die Tiefe nach dem Erdmittelpunkt) ausstreckt, während man einen siderischen Pendel in der RH (rechten Hand) über ein Objekt hält, so erteilt man dem Pendelkörper eine Ladung mit der 8. Naturkraft (mit Elektronen aus dem Kosmos, Elektronen des Weltalls) aus jener Raumrichtung, nach der man die LH ausgestreckt hat. Nun besitzt also der Pendelkörper eine fluidale Ladung aus Elektronen zum Beispiel des

Ostens. Der Pendel beginnt jetzt von Ost nach West zu strichen. Die Erfahrung zeigt dann, daß das Objekt von West nach Ost von der 8. Naturkraft durchstrahlt ist. Man kann dies daran erkennen, daß, wenn man die Einstrahlung aus West in das Objekt durch Vorschalten eines Isolators der 8. Naturkraft vor dem Objekt auf der Westseite verhindert, dann die Pendelstrichung sofort in Pendelstillstand übergeht.

Im Pendelprozeß wirkt also jeweils ein Elektronenstrom des Objekts auf eine Elektronenladung des Pendelkörpers ein, wobei die Richtungen, aus denen Ladungen und Strom stammen, einander entgegengesetzt sein müssen. Es wirkt also zum Beispiel ein Elektronenstrom aus Süden auf eine Elektronenladung aus Norden ein.

Aus dem Zusammenwirken einer Elektronenladung aus einer der sechs Raumrichtungen und eines Elektronenstroms aus einer der sechs Gegenrichtungen entstehen die einfachen Strichungen des Pendelkörpers. Diese sechserlei einfachen Strichungen des Pendels bilden nun zugleich die dynamischen Elemente, aus denen sich wieder alle anderen dynamischen Bewegungen des Pendels zusammensetzen lassen.

Man erhält nun diese zusammengesetzten Bewegungen des Pendels dadurch, daß man den Pendelfaden verlängert, dadurch den Rhythmus der Pendelschwingungen verlangsamt, bis dieser Rhythmus harmonisch wird zu dem Eigenschwingungs-Rhythmus der größeren Elektronenmasse von zwei und mehr Durchstrahlungsrichtungen zusammen. In diesem Augenblick beginnt der Pendel seine Schwingungsfigur zu ändern, zum Beispiel aus der einfachen Strichung in eine Kreisung im Uhrzeigersinn überzugehen. Wir haben dann eine sogenannte 2-fach Abstimmung vor uns, während wir vorher bei der einfachen Strichung nur eine 1-fach Strichung vor uns hatten. Schließlich kommt man bei weiterer Verlängerung des Pendelfadens zu einer größeren Kreisung im Uhrzeigersinn (abgekürzt i./US), die eine 6-fach Abstimmung des Pendels gleichzeitig auf alle sechs Raumrichtungen darstellt. Diese 6-fach Abstimmung der Fadenlänge eines Pendels über einem Objekt ist nun diejenige, welche für praktische Aufgaben am meisten vorkommt und daher am wichtigsten ist bei allen praktischen Anwendungen des Pendels.“

(Aus dem Nachlaß des Pendelforschers und Straniak-Freundes Dr. med. Bruno v. Willmann)

Diese Erklärung – und das hat sie mit den meisten Erklärungen gemeinsam – wirkt an sich schlüssig, wenn im Detail auch unverständlich und ist somit für den Laien unbrauchbar. Ein wissenschaftlicher Beweis konnte auch nicht in vollem Umfang angetreten werden, da sich ja der Punkt 8. Naturkraft oder auch „große Kraft“ nach wie vor allen Nachstellungen erfolgreich entzieht.

Jetzt nehmen Sie einmal Ihren Pendel zur Hand und strecken dabei die linke Hand nach Osten aus. Nicht nur, daß dieses Vorgehen ungeheuer ermüdend ist, denn eine Lesung dauert ja in den meisten Fällen einige Minuten, sondern zudem erfährt der Pendler eine gehörige Ablenkung, die dem Ergebnis der Arbeit wenig zuträglich sein dürfte. Insbesondere, wenn die Antenne nun während der Lesung von Osten nach Westen, Süden oder Norden gerichtet werden soll, bewirkt allein die Veränderung der in groteske Verrenkungen ausartenden Körperhaltung unvermeidbare Zuckungen der pendelhaltenden Hand. Es steht deshalb die Empfehlung, die Sache mit der Antenne auf sich beruhen zu lassen und statt dessen die gesamte Kraft dem eigentlichen Pendelvorgang zu widmen – ein Argument, das Sie dazu ermuntern könnte, wäre, daß die Strahlungen der „großen Kraft“ und angeblichen Elektronenschübe den Pendel auch ohne Antenne treffen, auch ohne technisch begründetes Attribut, das den Pendel auf die Ebene eines Rundfunkempfängers stellt, ins Schwarze treffen und Ihrem Pendel zu dynamischen Bewegungen verhelfen. Zudem wurde die Justierung des Pendelfadens, die im Wesentlichen mit der von Straniak empfohlenen Methode übereinstimmt, bereits eingehend behandelt, auch ohne hierfür nach Erklärungen zu suchen, die zwangsläufig festen Boden unter den Füßen vermissen lassen.

Es geht also in der Hauptsache darum – und das ist auch das Ziel dieses Buchs – das technische und pseudo-wissenschaftliche Umfeld, in das die Jahrtausende alte Kunst des Pendelns mittlerweile eingebunden ist, wieder abzubauen, beziehungsweise bei einem Neustart gar nicht erst heranzuzüchten. Und nachdem sich alle Fragen, die Sie bewegen, mit einem einfachen „Ja“ oder „Nein“ beantworten lassen, erscheint es auch als vollkommen ausreichend, die Arbeit mit dem Pendel auf dieser einfachen Ebene zu gestalten. Natürlich kostet die Methode der Alternativfragen ein wenig mehr Zeit, als wenn Sie ein Problem gezielt ansteuern, so daß Sie nicht einfach fragen können

„Was ist hier im Boden vergraben?“, sondern sich schon die Mühe machen müssen, nach einem auch in anderen Bereichen gültigen Suchschema einzugrenzen, indem die groben Bereiche immer engmaschiger eingegrenzt werden, bis die eindeutige Antwort festliegt. So könnte die Kette – um bei dem Beispiel zu bleiben – folgendermaßen aussehen, wobei die Frage nach den einzelnen Begriffen immer lauten muß „Ist es das?“ und der Pendel mit einem „Ja“ oder „Nein“ antworten wird:

- Lebendiges Wesen? – Nein
- Natürlicher Gegenstand? – Ja
- Wasser? – Nein
- Sichtbar? – Ja
- Wertvoll? – Ja
- Gold? – Nein
- Silber? – Nein
- Edelstein? – Ja
- Blau? – Nein
- Grün? – Ja
- Smaragde? – Ja

Wie Sie sehen, waren in diesem Beispielfall genau elf Fragen nötig, um ein vergrabenes Säckchen voll Smaragde oder auch nur einen einzelnen Stein zu identifizieren. Wichtig ist hierbei, daß Sie Ihre Fragen so präzise stellen, daß es als Antwort nur ein eindeutiges „Ja“ oder „Nein“ gibt. Fragen Sie dagegen zu verschwommen, beispielsweise *Riecht es gut?*, so ist darauf eine zuverlässige Antwort nicht möglich, da sich über Geschmack bekanntlich streiten läßt. Nun, Sie werden mit der Zeit einen gewissen Spürsinn entwickeln und durch gezielte Fragen sehr bald auf die jeweils einzig zulässige Antwort stoßen.

Als erstes müssen Sie jetzt Ihren Pendel – um es in der technischen Sprache auszudrücken – programmieren oder – wie es in der Sprache unserer Vorfahren hieß – ihm Ihren Od einhauchen. Sie müssen eine Äußerungsform des Pendels festlegen, anhand derer Sie zuverlässig ablesen können, ob der Pendel mit „Ja“ oder „Nein“ antwortet. Nehmen Sie hierzu Ihren Pendel zur Hand und justieren zunächst einmal die Fadenlänge auf die beschriebene Weise. Nun konzentrieren Sie sich und richten Ihre gesamte Energie auf das Wort „Ja“, indem Sie sich vielleicht vorher eine ganz klar mit „Ja“ zu beantwortende Frage gestellt haben. Beobachten Sie Ihren Pendel und die Bahn, in die er allmählich einschwenkt. Wiederholen Sie diese Programmierung noch einige Male, um ganz sicher zu sein, daß die gezeigte Schwingung ab diesem Moment ein „Ja“ bedeutet. Wohlgemerkt muß die „Ja-Bahn“ nicht, wie in den meisten Pendelbüchern beschrieben, eine Kreisung im Uhrzeigersinn sein – genauso gut kann sich der Pendel auch gegen den Uhrzeigersinn, horizontal oder vertikal bewegen. Ebenso verfahren Sie nun, um die Antwort „Nein“ zu programmieren, und Sie werden sehen, daß die jetzt auftretende Schwingung zur „Ja-Schwingung“ genau entgegengesetzt verläuft. Wiederholen Sie auch diese für Sie ab sofort geltende Gesetzmäßigkeit, indem Sie ruhig auch die gestellte Frage durch andere ersetzen, worauf Sie die Antworten bereits wissen, um die Gültigkeit dieser Justierung zu testen. Die Meßskala Ihres Instruments ist nun installiert, es ist gewissermaßen geeicht und steht Ihnen ab diesem Augenblick zur Erforschung aller Sie bewegenden Fragen zur Verfügung.

Ausschlagserien und Kennziffern

Mit dieser eben beschriebenen Methode, die in der Pendler-Fachsprache als „mentales Pendeln“ bezeichnet wird, stehen Ihnen tatsächlich alle Möglichkeiten aus dem Bereich des Pendelns erschöpfend offen. Nur um aufzuzeigen, was die Fachwelt an weiteren Methoden kennt, sollen hier einige Sätze über sogenannte Ausschlagserien und Kennziffern fallen.

Unter einer Objektserie ist die Anzahl der Kreisungen zu verstehen, die der Pendel nach anfänglicher Strichung über einem bestimmten Objekt vollzieht, bevor er wieder in die Strichbewegung zurückfällt. Aber allein bei der Definition der Kennziffern oder auch Seriennummern, also der Anzahl der entsprechenden Schwingungen, gehen die Meinungen der Pendelforscher erheblich auseinander, so daß klare Messungen nicht möglich erscheinen. So schreibt beispielsweise der englische Berufsradiästhet, Lehrer und Ausbilder des Pendelns und Rutengehens, Tom Graves, in seinem Buch:

Die Seriennummer ist die Anzahl der Schwingungen, die das Pendel braucht, um von der Oszillationsbewegung zur Rotation zu gelangen, wobei es das Objekt überkreuzt, bis es den Zustand der Sättigung erreicht und sich weigert, die Rotation wieder aufzunehmen. Manchmal wird die Serienmethode auch Zählmethode genannt – und umgekehrt, was übrigens der Grund ist, daß sich in das Resultat allerlei „hübsche“ Verwirrungen einschleichen können. Gemäß einem Pendler beträgt die Serienzahl und die Gesamtzahl für Kupfer 5 beziehungsweise 7...

... Die Schwingungszahlen, Fadenlängen und andere Gegebenheiten scheinen bei fast allen Pendlern andere zu sein.

(Tom Graves, Pendel und Wünschelrute: Radiästhesie. Goldmann, 1. Auflage 1982, Seite 66–67)

Dagegen drückt sich der berühmte Schweizer Pater, Radiästhet und Graphologe, Joseph Seiler, in einem Buch folgendermaßen aus:

Die Kennzahl ist relativ leicht festzustellen, weil die Pendelfiguren in ihrem serienmäßigen Ablauf Akzente aufweisen. Serien von Kreisbewegungen und Schwingungen samt den eingeschalteten Ellipsen folgen einander. Ein langes Spiel, das erst nach Ermüdung der Nerven und der Muskeln abflaut. Zu Beginn jeder Serie ist aber ein leicht ruckartiger Neuimpuls spürbar. Bei ihm setzt unser Zählen ein bis exklusive zum folgenden. Die Zahl, die sich ergeben hat, teilt man durch zwei. Das Resultat ist die Kennziffer des betreffenden Stoffes, des betreffenden Menschen oder Gegenstandes. Über einer Wasserader schließt jede Serie 14 Bewegungen ein. Theoretisch handelt es sich um 7 Schwingungen und 7 Kreisungen. Praktisch aber weist eine Serie vielleicht sechsmal einen Kreis, dreimal eine Ellipse und fünfmal eine gerade, strichartige Schwingung auf. Bei einer folgenden Serie sind vielleicht die Verhältnisse leicht verschoben, aber die zusammengezählten Drehungen, Ellipsen und Schwingungen belaufen sich wiederum auf 14, so daß durch Teilung die Kennziffer 7 von neuem gegeben ist. Es ist darauf achtzugeben, daß die erste, nach den unsicheren Anfangsbewegungen erfolgte Serie kaum maßgebend ist.
(Joseph Seiler, Mit Wünschelrute und Pendel zu den faszinierendsten Entdeckungen. Corona Verlag, 6. Auflage 1984, Seite 33)

Nun, die Herren Graves und Seiler haben ganz offensichtlich vollkommen verschiedene Auffassungen von Serien und Kennziffern – ein Umstand, der unter Hinzuziehung weiterer Pendelbücher eine erhebliche Ausdehnung erführe. Nicht, daß die Pendelforscher etwa nicht recht hätten mit ihren Aussagen. Ganz im Gegenteil, sie haben ihre eigenen, selbst herausgearbeiteten Gesetzmäßigkeiten beschrieben, die ihren Erfolg mit der Pendelarbeit begründen. Doch eines wird dabei kaum bedacht: Das Pendeln ist so persönlich, daß hier für jeden Pendler eigene Regeln gelten – und auch eigens herausgearbeitet werden müssen.

So wäre es also absolut falsch, die zum Beispiel oben angeführten Beschreibungen einfach zu übernehmen. Wenn Sie mit Serien oder Kennzahlen arbeiten wollen, dann wird es Ihnen nicht erspart bleiben, daß Sie umfangreiche Versuchsreihen und Experimente anstellen und auf diesem Wege Ihre eigenen, nur für Sie alleine geltenden Gesetzmäßigkeiten aufstellen. Doch erinnern Sie sich, bevor Sie sich derart in die pseudo-wissenschaftliche Arbeit stürzen, an die Methode des mentalen Pendelns, mit deren Hilfe Sie erfahrungsgemäß zu weitaus sichereren Ergebnissen gelangen dürften.

Zu behaupten, daß der Weg der Alternativfragen nun der einfachere wäre, wäre wohl ein Irrtum: Zugegeben, des mentalen Pendelns bedarf es weniger Tests und sonstiger Vorbereitungen – dafür aber erfordert es eine ganze Menge mehr Konzentration und Versenkung in die Hauptsache, nämlich das Pendeln, ohne durch Mitzählen oder gar Mitschreiben abgelenkt zu werden. Doch wie auch immer Sie sich entscheiden werden, seien Sie sich darüber im klaren, daß das Instrument Pendel nie und nimmer auf so einfache Weise bedient werden kann wie beispielsweise ein Fieberthermometer oder eine Waage. Trotz aller möglichen erleichternden Arbeitsmittel, wie sie die vielen im Fachhandel erhältlichen Pendelkarten darstellen mögen, bleibt das Pendeln eine Kunst, zu deren Ausübung andere Fähigkeiten verlangt werden, als bloß Ziffern ablesen oder Gradeinteilungen festhalten zu können.

Der dynamische Kreis

Aufgrund endloser Pendelversuche und Experimente kam Mitte des vorigen Jahrhunderts der Dresdner Chemieprofessor Johann Karl Bähr zu der Auffassung, daß bestimmte Menschen ebenso wie Tiere Kräfte in der Materie wahrnähmen, die ihnen aufzeigten, welche Nahrungsmittel oder Stoffe für sie gesund oder eher schädlich seien. Um diese dynamischen Aktivitäten festzuhalten und meßbar zu machen, entwickelte er eine kompaßähnliche, kreisförmige Karte, die ein komplettes Klassifikationssystem zur Beurteilung von Stoffen und Nahrungsmitteln beinhaltet (vgl. Abb. 14, Seite 70 sowie die Tabelle auf Seite 71 f.). Natürlich ist auch diese Methode als rein subjektiv und nicht beweisbar zu betrachten, denn seine Katalogisierung von Eigenschaften der Materie nach Einheiten des Winkelmaßes und somit nach Gradeinteilungen erfolgte eindeutig willkürlich. Doch sehen Sie sich diese Karte einmal genau an, und versuchen Sie, durch eigene Experimente zu ergründen, ob der sogenannte dynamische Kreis und die dazugehörige Stofftabelle auch Ihnen hilft, bestimmte Stoffe auf ihre Güte zu testen.

Nachdem nach Bähr kein Stoff positiver reagiert als Gold, legte er diesen Stoff auf Null Grad fest, in der Kompaßrose identisch mit dem Südpol. Von 0 bis 90 Grad, also im ersten Kreisviertel, sind die absolut positiven Elemente erfaßt – entsprechend bewegt sich der Pendel nach dieser Richtung, wenn man in die Mitte des Kreises die in der Tabelle aufgeführten Stoffe von Gold bis Palladium legt und unmittelbar darüber pendelt. Im zweiten Kreisviertel, also von 90 bis 180 Grad, ist der Sektor der gesunden Nahrungsmittel angesiedelt, der in der Tabelle von Reis bis Regenwasser geht. Das dritte Kreisviertel von 180 bis 270 Grad dagegen beinhaltet die Nervengifte, vertreten beispielsweise durch Kaffee oder Tee. Und der letzte Abschnitt von 270 bis 360 Grad schließlich enthält die Gifte, die in der Tabelle unter anderem mit Quecksilber oder Morphin bezeichnet sind:

Der dynamische Kreis nach Professor Johann C. Bähr

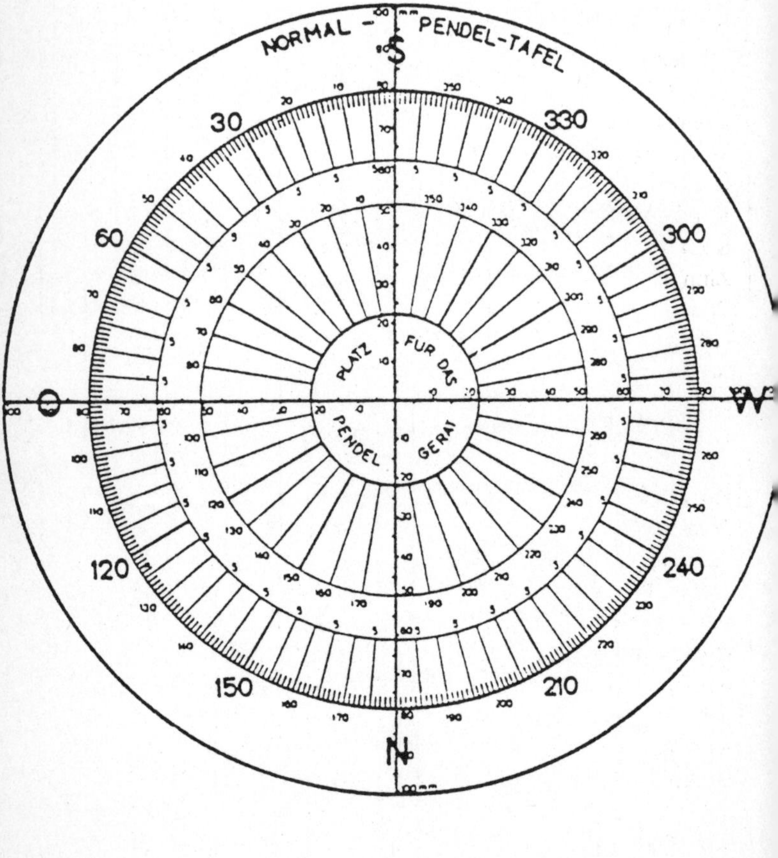

Abb. 14

Tabelle der dynamischen Werte			
Stoff	**Grad**	**Stoff**	**Grad**
Wasserstoff	0	Gold	0
Diamant	5	Silber	45
Eidotter	45	Zink	67,5
Legierung aus halb		Palladium	90
Silber, halb Kupfer	77,5		
Uran	100	Reis	100
Kandiszucker	100	gewöhnl. Messing	105
Kupfer	112,5–120	Iridium	120
Zinn	125	Aluminium	130
Bohne	132	Platin	135
Honig	135	Eiweiß	135
Nickel	140–142	Kobalt	145
Blei	150	Gußeisen	150
engl. Stahl	152,5	Eisen	157
Phosphor	175–177,5	Selen	175
destill. Wasser		Schwefel	180
oder Regenwasser	180		
gefror. Wasser,		Anilinrot	215
Schnee, Eis	202,5	Anilinblau	217,5
Anilinorange	222,5	Anilinviolett	230
Anilinbraun	240	Chrysolith	247,5
Opal	247,5–260	Indigoblau	255
Kochsalz	260	Koffein	265
Bergkristall,		Thein	267,5
rein	267–267,5	Quecksilber	270
Stickstoff	270	gemeiner Quarz	270
Chalzedon	270	Urin	270
schwarzer Turmalin	290	Lapislazuli	290
Granat	292,5	Humusboden	292,5
Morphin	292,5	Jaspis	295

Tabelle der dynamischen Werte			
Stoff	**Grad**	**Stoff**	**Grad**
Achat	275	grauer Turmalin	272,5
roter Turmalin	280	gemeiner Beryll	285
edler Beryll	290	Topas	290
edler Granat	295	Rauchtopas	297,5
Smaragd,		Aquamarin	300
seladongrün	297,5	Smaragd,	
Chrysoberyll	305	schöngrün	202–302,5
Hyazinth, blaßrot	305	Jod	310
Korund, grau	310	Rubin	312–315
Hyazinth, dunkelrot	315	Türkis	315
Kobaltblau	315	menschl. Exkre-	
Saphir	322–322,5	mente	315
		Schwefelsäure	330
Magneteisenstein	330	Chlor	355–357
Brom	355	Sauerstoff	360

(Nach: Georg Kirchner, Pendel und Wünschelrute. Knaur, 1. Auflage 1985, Seite 84–85)

Für Schmuck- und Edelsteinkundige stellt diese Tabelle sicherlich eine Fundgrube dar, für den alltäglichen Gebrauch jedoch sollten Sie sie mit einer gewissen Zurückhaltung betrachten. Beispielsweise finden Sie das hochgiftige Schwermetall Blei mit einer Gradbezeichnung von 150 inmitten der Gruppe der gesunden Lebensmittel, was den Schluß erlaubt, daß diese über 100 Jahre alte Tabelle mittlerweile einiger Korrekturen bedarf.

So ist es auch hier sicher nicht verfehlt anzuraten, daß Sie sich – so Sie die Arbeit mit solchen Hilfsmitteln bevorzugen – selbst hinsetzen und eine entsprechende Karte entwerfen. In diesem Sinne hat beispielsweise der Schweizer Benediktinermönch Professor Kunibert Mohlberg, der unter dem Pseudonym „Candi“ seine berühmten

„Briefe an Tschü" veröffentlichte und während des zweiten Weltkriegs Schweizer Kunstexperten bei der Überprüfung von Gemälden auf ihre Echtheit mit der Wünschelrute behilflich war, bereits einige Erweiterungen und Veränderungen an Bährs vorwiegend auf chemische Stoffe ausgerichtetem Kreis vorgenommen: Im ersten Viertel siedelt er die Embryonen an, die Nahrungsmittel, Keime, Blüten, Blütenblätter, Äther, aromatische Öle, feine Gewürze und Eidotter umfassen. Das zweite Viertel enthält einige absolut-negative Elemente wie kohlensaure Natron- und Talkverbindungen, Steinkohle, Holz, Gummi, edle Weine, fette und flüchtige Öle, Stärke, Butter, Milch, Rohrzucker sowie Eiweiß. Im dritten Viertel findet Mohlberg die Oxyde der positiven Elemente wie Kiesel-, Kalk-, Kali-, Talk-, Natron-Verbindungen, Salze, narkotische Pflanzen, Spirituosen, Essig, schwere Weine, starke Gewürze, Tabak, Eierschale und menschlichen Speichel. Und das letzte Viertel enthält nur absolut-negative Stoffe wie Sauerstoff, Chlor, Jod, Quecksilber, starke Säuren, Edelsteine, anorganische und organische Gifte, Nahrungsstoffe der Pflanzen, fruchtbare Erden, tierische und menschliche Exkremente sowie Wurzeln.

Dabei geht Mohlberg jedoch nicht wie Bähr grundsätzlich von Gold mit dem Gradwert Null aus, sondern hat zum Vergleich verschiedener ähnlicher Stoffe eine Methode entwickelt, die sehr vielversprechend aussieht:

Soll unsere Anna zum Beispiel wissen, wie sich Astraöl, Haselnußöl, Teesamenöl qualitativ zu Olivenöl verhalten, so kannst du meinetwegen Olivenöl (das im dynamischen Kreis Bährs auf 115 Grad steht) als Normaltest auf Null setzen. Dann orientierst du dich auf seine Rivalen (die anderen Öle), einen nach dem anderen, und schaust, bei welchem von beiden dein Pendel in einer Schwingungsrichtung am weitesten von null Grad ausweicht. Dann weißt du, daß je größer der Winkel im Gegenuhrzeigersinn (negativ), um so schlechter das Öl ist. Und umgekehrt: je größer der Winkel im Uhrzeigersinn (positiv) ist, um so besser ist das Öl. Wahrscheinlich wird das Teesamenöl schlechter als Olivenöl sein, das heißt nach links ausschlagen . . ."

(Candi, Radiästhetische Studien – Briefe an Tschü, Verlag RGS, 5. Auflage 1970)

Diese Methode scheint auch der Arbeit in der Praxis standzuhalten, da sie im Grunde genommen lediglich eine Erweiterung der mentalen Methode mit alternativer Fragestellung darstellt. Nur müssen Sie hierbei unbedingt berücksichtigen, daß Sie Ihre persönliche Justierung des Pendels verwenden, denn nicht unbedingt muß eine positive Antwort Ihres Instruments mit einer Kreisung im Uhrzeigersinn gleichbedeutend sein. Am besten, Sie versuchen es selbst einmal, wobei Ihnen keine Grenzen gesetzt sind – Candi probierte seine Methode vorzugsweise an Tabak, Zigarren und Zigaretten aus und ist seinen Angaben zufolge „nie schlecht gefahren".

Psychische Einflüsse und Störungen

So wichtig dieses Thema ist – in der Hauptsache auch, weil es das häufigste Argument der Pendel-Gegner und -Kritiker beinhaltet – so beiläufig soll es jedoch behandelt werden. Ein einfacher Grund führt zu diesem Entschluß: Je weniger man über eventuelle Störungen oder die sogenannte Autosuggestion nachdenkt, desto mehr bleibt man von derartigen Einflüssen verschont.

Wer sich dieser Ansicht nicht anzuschließen vermag, dem steht es frei, sich in die entsprechende psychologische Literatur zu versenken, in der diese Thematik weit über das erschöpfende Maß hinaus behandelt wird.

Nur wenige Punkte sollten Sie sich in diesem Zusammenhang immer wieder vor Augen führen und – zumindest am Anfang Ihrer Studien – täglich neu bedenken:

- Richten Sie Ihre Aufmerksamkeit von den Händen weg auf den Pendel oder das bependelte Objekt.
- Lassen Sie sich nicht vom Ziel Ihrer Arbeit ablenken, indem Sie voreilige Schlußfolgerungen ziehen, die Ihren Geist in die Irre leiten.
- Bewahren Sie sich ein Maximum an Unvoreingenommenheit, indem Sie Ihre Neugierde pflegen. Selbst der hundertste Versuch kann vollkommen anders ausfallen als die neunundneunzig Experimente davor, wenn Sie sich von Ihren Erfahrungen und Erlebnissen lösen und mit jeder neuen Lesung Premiere feiern – egal wie oft Sie sie bereits wiederholt haben.
- Mischen Sie sich nicht in die natürlichen Bewegungen Ihres Pendels ein, versuchen Sie nicht, mit mentaler Gewalt bestimmte erwünschte Figuren zu erzwingen oder unerwünschte Figuren zu unterdrücken. Üben Sie sich in Hingabe, und lassen Sie sich fallen – denken Sie dabei an eine Katze, die aus dem 10. Stockwerk fällt und unversehrt auf dem Boden aufkommt. Versuchen Sie, Ihren Geist geschmeidig zu halten, ohne jedoch Entspannung mit Träg-

heit zu verwechseln – Trägheit ist im Prinzip dasselbe wie das Joch der Verspannung, nur mit umgekehrten Vorzeichen.

Nehmen Sie sich diese Grundregeln Ihren Möglichkeiten gemäß zu Herzen, um einer Selbstbeeinflussung tunlichst wenig Fläche zu bieten, und – lassen Sie sich am allerwenigsten von anderen Menschen darin beeinflussen, was Sie weshalb und wie machen.

Anwendung

Nach diesen Ausflügen in die Theorie des Pendelns und ersten praktischen Übungen steht der Anwendung dieses Instruments im täglichen Leben nichts mehr im Wege. Nun soll der Gebrauch des Pendels aber nicht dazu führen, daß Sie jede – auch die nebensächlichste aller Tätigkeiten – erst nach Befragen des Orakels ausführen, da dies eher einem Mißbrauch gleichkäme. Setzen Sie Ihren Pendel wirklich nur bei schwerwiegenden oder mittels Ihrer zur Verfügung stehenden Geisteskraft nicht lösbaren Problemen ein, um ihm den Status etwas Besonderen zu erhalten. Natürlich scheint es auf den ersten Blick bequem zu sein, sich in sämtlichen Fragen des Lebens von dem Pendel beraten zu lassen, doch wäre solches Vorgehen nicht nur der langfristigen Wirkung der Pendelkraft, sondern auch Ihrer eigenen Entscheidungsfähigkeit abträglich.

Doch selbst wenn Sie diese kleine Empfehlung befolgen, bleibt noch genügend Spielraum, dem Pendel einen gebührenden Platz im Alltag einzuräumen: Zu viele Gebrauchsgegenstände unseres täglichen Lebens sind ungewisser Herkunft und somit ungewisser Qualität – daneben findet der Pendel natürlich Anwendung bei der Beurteilung von Menschen, bei der Suche von Menschen und Gegenständen sowie bei der Diagnosestellung und Behandlung im Krankheitsfall.

Pendeln im Alltag

Bevor Sie beginnen, für Ihre Familie oder Freunde in den Sternen zu lesen und mit Hilfe des Pendels die Zukunft voraussagen oder gar eine Firma für Brunnenbohrungen gründen, müssen Sie klein anfangen – und zwar alleine und ausschließlich für sich. Zudem wären – falls Sie mit dem Gedanken spielen, die gerade angeführten Ziele zu verfolgen – zwei wichtige Aspekte zu bedenken, die Sie während Ihrer gesamten Pendelpraxis mahnend begleiten sollten. Zum einen haben Pendeln und sogenannte „Salon-Kunststücke" nichts gemein: Wenn Sie pendeln, dann aus einer bestimmten, von Ihnen definierten Notwendigkeit heraus, aber keinesfalls aus Angeberei oder zu Zwecken der Unterhaltung. Zum anderen steht der Aspekt des Profits zur Debatte, dessen alleiniges Vorhandensein den Pendel in Bahnen lenken könnte, die seriös nicht vertretbar wären.

Fangen Sie deshalb bescheiden an, am besten ohne darüber mit anderen Menschen zu sprechen, und erklären Sie Ihre Studien zur Verschlußsache – ein Vorgehen, das sich übrigens bei allen wichtigen Zielen beliebiger Bereiche auf das Beste bewährt hat. Desweiteren empfiehlt es sich anfangs, die zum Pendeln unabdingbare absolute Sicherheit in der Deutung der Ausschläge derart zu erwerben, daß Sie sich vorläufig auf Gebieten bewegen, die Sie zu Überprüfungszwekken mittels anderer Methoden ebenfalls austesten können.

Wollen Sie beispielsweise bestimmte Lebensmittel oder andere Gegenstände auf ihren Gehalt an Radioaktivität überprüfen, so sollten Sie zur Absicherung Ihrer Diagnosen zusätzlich einen Geigerzähler verwenden, auf den Sie erst dann verzichten, wenn Sie Ihrem Pendel blind vertrauen können. Oder stellen Sie Umweltgifte in Nahrung, Wasser oder Boden fest, so versuchen Sie zunächst einmal, so weit wie möglich mit dem Pendel zu arbeiten und geben die getesteten Proben anschließend in ein entsprechendes Labor, um den Verdacht zu erhärten beziehungsweise zu beweisen.

Diese Unannehmlichkeiten müssen Sie zu Beginn Ihrer Arbeit auf sich nehmen, wenn Sie nicht Gefahr laufen wollen, daß Ihre gesamte spätere Pendelpraxis wertlos ist, weil Sie entweder gar nicht pendeln können oder aber Ihre Deutung der Pendelantworten ganz einfach falsch ist. Auf einfachste Weise können Sie natürlich verfahren, wenn Sie – nur um sich und den Pendel zu testen – Versuche durchführen, die Sie selbst an Ort und Stelle nachprüfen können: Beispielsweise eignet sich hierfür das Ermitteln von Würfelzahlen unter dem umgestülpten Becher oder Ähnliches, wobei Ihrer Phantasie keine Grenzen gesetzt sind.

Nach Ablauf einer gehörigen Testphase werden Sie von alleine spüren, wie sich Ihrer ein unbeschreibliches Gefühl der Sicherheit bemächtigt, wenn Sie Ihren Pendel ergreifen, und Sie werden auf die Kontrollmaßnahmen verzichten können. Beim Pendeln im Alltag sollten Sie natürlich auch bedenken, daß Sie andere Personen verletzen könnten, wenn Sie beispielsweise erst ausloten wollen, ob ein Mensch für Sie von Wert ist oder nicht. Verfahren Sie also hier mit dem notwendigen Taktgefühl, ohne jedoch in nicht zutreffende Vorwände zu flüchten und die Menschen über Ihr eigentliches Ziel zu täuschen. Im übrigen ist die körperliche Anwesenheit, wie Sie später noch ersehen werden, keinesfalls notwendig, um einen Menschen auszupendeln – es sind hierzu Fotos, Handschriften und persönliche oder lediglich von ihm berührte Gegenstände vollkommen ausreichend. Bei hoher Sensitivität werden Sie allein durch den Gedanken an diesen Menschen genügend Material zur Verfügung haben, um zu einem für Sie gültigen Ergebnis zu gelangen.

Ein weiterer Punkt, der Ihren Alltag bestimmen könnte, ist die Frage nach Zukünftigem, nach eventuell eintretenden Ereignissen. Für diesen Bereich ergeht die Empfehlung, daß Sie sich in dem Stadium, in dem Sie erste Erfahrungen im Umgang mit dem Pendel sammeln, damit grundsätzlich nicht befassen. Beschränken Sie sich in dieser Phase zunächst auf Gegenwärtiges, alleine schon deshalb, weil die Antworten auf diese Fragen meist unmittelbar nachzuprüfen sind. Bewahren Sie sich die umstrittene Kunst der Wahrsagerei bis zu dem Moment auf, in dem für Sie das Erpendeln gegenwärtiger Dinge keinerlei Problem mehr darstellt, gehen Sie also auch zeitlich gesehen systematisch vor. Zudem birgt der Blick in die Zukunft die altbekannte Gefahr des Wunschdenkens, dem Sie als Anfänger noch mehr ausgeliefert wären, als es selbst alte Hasen auf diesem Gebiet sind.

Wohin in den Urlaub?

Abb. 15

Nehmen Sie sich, um das Problem zu verdeutlichen, folgenden Fall vor: Sie wollen im Winter zwei Wochen in den Urlaub fahren, wobei die Wahl des Reiseziels von zwei wesentlichen Kriterien bestimmt sein soll. Zum einen sollen die Kosten den Preis von angenommen 3 000 Mark nicht übersteigen, und zum anderen soll während der gesamten Zeit die Sonne scheinen. Nun, der erste Punkt führt relativ schnell zu einer Eingrenzung, so daß hier teure Fernziele wie beispielsweise die Südsee oder bestimmte Regionen der Karibik ausfallen. Jetzt sitzen Sie über der Weltkarte und studieren über dem Schönwettergürtel, der sich – um sicher zu gehen – von 30 Grad Nord bis 30 Grad Süd erstreckt. Theoretisch könnten Sie fast jeden Teil dieses Bereichs besuchen, doch nun gesellt sich ein weiterer Punkt hinzu: Ihre geheime Sehnsucht gilt angenommen schon immer Brasilien – und hier beginnt die Problematik. Wahrscheinlich wird Ihr Pendel über diesem Teil der Weltkarte ausgesprochen positiv reagieren, so daß Sie sich die ganze mehr oder weniger umständliche Arbeit hätten ersparen können.

Vielleicht war dieses Beispiel in der Lage, Ihnen die enge Verknüpfung von geheimen und offenen Wünschen und dem Blick in die eigene Zukunft nahezubringen. Natürlich kann hier allein das Bewußtsein um diese Tatsache ein wenig weiterhelfen und das Wunschdenken reduzieren – aber nie völlig ausschließen. Und falls Sie davon überzeugt sind, in die Zukunft sehen zu können, dann beschäftigen Sie sich einfach etwas eingehender mit dem Wetter, beziehungsweise dessen Vorhersage: Bereits ein einziger „Ausrutscher" über einen Versuchszeitraum von 365 Tagen gestattet die Aussage, daß Ihnen der Blick in die Zukunft verwehrt ist.

Auspendeln von Gebrauchsgegenständen

Ganz und gar nichts mit Wahrsagerei hat das Auspendeln von alltäglichen Gebrauchsgegenständen zu tun, vielmehr handelt es sich hierbei um eine bestechend einfache Möglichkeit, Dinge unklarer Provenienz auf ihre Verträglichkeit zu prüfen. Zwar werden Sie in unserer heutigen Zeit mit einer Vielzahl von kritischen und deshalb absolut notwendigen Testberichten konfrontiert, die erhebliche Mängel in punkto Qualität und Verträglichkeit von verschiedenen Produkten aufzudekken vermögen, doch weisen diese Untersuchungsergebnisse selbst einen nicht zu unterschätzenden Mangel auf: Die Urteile und Klassifizierungen beispielsweise der Zeitschriften „Natur" oder „Test" sind pauschal und belegen durchgefallene Produkte mit dem Stempel „Für alle Menschen ungeeignet".

Nun, das liegt in der Natur der Sache, denn eine Redaktion kann natürlich unmöglich Millionen von Einzeltests veranstalten – aber es ist trotzdem nicht korrekt. Ausgegangen wird nämlich bei diesen Untersuchungen von sogenannten „normalen" Werten der Verträglichkeit oder von „persönlicher" Belastbarkeit, wobei die Konstitution dieses Testmenschen absolut nicht mit der Ihren übereinstimmen muß. So muß ein für die Allgemeinheit als ungesund bewertetes Mineralwasser nicht unbedingt für Sie schädlich sein, da Ihre Toleranzgrenze vielleicht wesentlich höher angesiedelt ist als die des Durchschnitts – und umgekehrt kann Ihnen natürlich auch ein für gesund befundenes Wasser schlecht bekommen, wenn Sie mit Ihrer Verträglichkeitsschwelle weit unter der Norm liegen.

An dieser Stelle beginnt das Einsatzgebiet des Pendels, wobei Sie sinnigerweise zunächst einmal diejenigen Sachen testen, die Ihnen sowieso schon suspekt vorkommen oder nach deren Genuß Sie sich unwohl fühlen. Verfallen Sie aber nicht in den Zwang, ein und dieselbe Sache stets aufs neue zu testen, sondern begnügen Sie sich damit, Ihre Untersuchungen jährlich vorzunehmen – mit diesem Intervall tragen Sie dem Umstand, daß sich Ihre Konstitution im Laufe der Zeit verändert, zur Genüge Rechnung.

Ob Sie nun Brot, Milch oder Fleisch auspendeln, verlieren Sie sich dabei nicht ins Detail, aus dem Sie nur schwer wieder herausfänden. Testen Sie also nicht die Brotsorte, sondern Ihren Bäcker, indem Sie in verschiedenen Geschäften jeweils eine Semmel oder ein Brot kaufen und dann den Pendel befragen, welches Produkt Ihnen am besten bekommt. Haben Sie Ihr Urteil aufgrund einer eindeutigen Antwort des Pendels gefällt, dann sollten Sie bis zu einem weiteren Test in etwa einem Jahr bei Ihrer Entscheidung bleiben. Ebenso verfahren Sie bei der Milch, bei Öl oder anderen Produkten. Beim Fleisch sollten Sie vor der Auslese des Metzgers zunächst einmal prüfen, welche Sorte Ihnen am besten bekommt – nicht jedermann verträgt Kalbfleisch oder Schweinefleisch gleich gut.

Beim Auspendeln Ihrer Lebensmittel müssen Sie nicht, wie häufig beschrieben, davon eine Probe in ein Röhrchen füllen, um es dann mit der Hand, in der Sie den Pendelfaden halten, zu umschließen. Pendeln Sie direkt über dem Produkt, konzentrieren Sie sich auf Ihren Pendel und das auszupendelnde Objekt, und stellen Sie dann die gezielte Frage: „Ist das für mich gesund?“ oder „Macht mich das krank?“. Natürlich empfiehlt es sich auch hier, zumindest während der ersten Zeit Ihrer Pendelpraxis, die gewonnenen Ergebnisse mittels Wiederholungsversuchen zu untermauern.

Ähnlich verfahren Sie bei der Gruppe der Genußmittel, die durchaus nicht für jeden Menschen Gifte darstellen müssen, denn solange es starke Raucher gibt, die trotz ihres Lasters hundert Jahre alt werden, ist es schlicht und ergreifend falsch, zu behaupten, daß das Rauchen für jeden Menschen gesundheitsschädlich wäre. Die Genußmittel – unter die nicht nur Tabakwaren, sondern auch Kaffee, Tee und Alkoholika fallen – sind natürlich in der heutigen Zeit längst keine „Mittel, die dem Genuß dienen“ mehr, sondern ihr Konsum ist zur liebgewonnenen Gewohnheit geworden, auf die man nicht mehr verzichten möchte. Nun würde es diesen Rahmen sprengen, die Psychoproblematik unserer kleinen und großen Suchten zu analysieren, weshalb hier auch nicht diskutiert werden soll, ob es allgemein sinnvoll oder unsinnig ist, Genußmittel zu sich zu nehmen. Für Sie von Bedeutung ist nicht die Gesamtproblematik, sondern die Überprüfung Ihrer persönlichen Situation und die Verträglichkeit der einzelnen Mittel. Es mag sein, daß die meisten Menschen von ihrer Konstitution her nicht rauchen oder trinken dürften – Sie können das bei sich selbst durch die Befragung des Pendels ermitteln. Bedeutet Ihnen nun Ihr Pendel, daß eine bestimmte Gruppe von Genußmitteln für Sie ohne Gesundheitsschäden ist, so bedeutet dies aber noch lange nicht, daß Sie innerhalb dieser Gruppe auch alle Einzelprodukte vertragen.

Aus diesem Grund sollten Sie beispielsweise bei Kaffee alle greifbaren Kaffeesorten einzeln untersuchen, bevor Sie wirklich behaupten können, daß Sie prinzipiell keinen Kaffee vertragen. Natürlich ist es nicht leicht zu verdauen, wenn Ihr Pendel eines Tages sagt, daß Sie beispielsweise Ihren geliebten Bordeauxwein besser nicht trinken sollten, und es besteht durchaus die Gefahr, daß Ihr Wille, diesen Wein weiterzutrinken, stärker ist als Ihr Vertrauen in das Pendel – was zwangsläufig zu falschen, vom Unterbewußtsein manipulierten Meßergebnissen führen muß. Um diese Situation in den Griff zu bekommen, kann Ihnen ein kleiner Trick helfen, bestehende Abwehrmechanismen zu überlisten: Pendeln Sie solche „kritischen" Objekte morgens unmittelbar nach dem Aufstehen aus, wenn Ihre auf den eigenen Vorteil gerichteten Sinne noch schlafen und ein höchstes Maß an Entspannung vorherrscht.

Beim Auspendeln anderer alltäglicher Objekte wie beispielsweise Kleidung oder Mobiliar gilt natürlich auch, das Pendeln nicht zwanghaft entgleisen zu lassen, so daß Sie hier bei Kleidung lediglich zwischen synthetischen und natürlichen Stoffen entscheiden oder bei Sitz- oder Liegemöbeln die optimalen Standorte justieren.

Einen wichtigen Punkt für den Erfolg Ihrer Pendelarbeit stellt neben diesen Empfehlungen die Anerkennung eines Tabus dar, über die Sie sich von Anfang an im klaren sein sollten. Zu Fragen des persönlichen Geschmacks dürfen Sie Ihren Pendel nicht mißbrauchen, nicht zuletzt deshalb, weil diese Eigenschaft unberechenbaren Einflüssen und Wechseln ausgesetzt ist. Wohl können Sie fragen, ob ein bestimmtes Kleidungsstück für Ihre Haut gut oder schlecht ist, doch niemals sollten Sie fragen, ob es Ihnen auch gefallen oder stehen wird. Der Charakter dieser Fragestellung wurde bereits besprochen, denn er ist eindeutig der Wahrsagerei zuzuordnen, mit der Sie sich als Pendelanfänger nicht unbedingt beschäftigen sollten.

Ebenso sollten Sie die Arbeit – wenn Sie sich schon damit beschäftigen – ernst nehmen und sowohl die Objekte als auch die Fragestellungen mit einem gewissen Respekt auswählen. Eigentlich unsinnige oder unausgereifte Problematiken mit dem Pendel und der „großen Kraft" in Beziehung zu setzen, wird mit Sicherheit zu keinen vernünftigen Ergebnissen führen – lassen Sie also Ihr Auge oder Ihr Ohr entscheiden, wenn Sie nicht genau wissen, welche Stereoanlage Ihnen nun besser gefallen könnte, keinesfalls aber den Pendel. Natürlich sind auch hier Pauschalierungen nicht zulässig, und wenn es Menschen gibt, bei denen die Wahl eines Musikinstruments von der Bedeutung her der Wahl zwischen Leben und Tod gleichkommt, so kann selbstverständlich auch in diesem Fall gependelt werden. In der Regel jedoch werden Sie selbst am besten wissen, welche Fragen substantiellen Wert für Sie haben und somit pendelwürdig sind, und welche Fragen eher spielerischer Natur sind, so daß eine Fehlentscheidung ohne große Bedeutung bliebe.

Charakterkunde

Bevor Sie sich auf dieses heikle und ausgesprochen feinfühlig zu behandelnde Gebiet begeben, sollten Sie sich einige Gesetzmäßigkeiten zu eigen machen, ohne deren Beachtung das Auspendeln von Menschen nicht möglich ist.

Zunächst einmal sollten Sie wissen, daß es auf seriöse Weise nicht möglich ist, daß Sie Ihren eigenen Charakter auspendeln. Natürlich ist es nicht so, daß jeder Mensch gleichermaßen vom Cäsarenwahn befallen ist, doch selbst Spuren von Eitelkeit, Selbstverliebtheit oder Überheblichkeit beeinflussen die Pendelausschläge in eine Richtung, der jegliche Objektivität fehlt. Und nachdem wohl jeder Mensch – selbst der demütigste und bescheidenste aller Menschen – mit diesen durchaus lebensnotwendigen Eigenschaften ausgestattet ist, sollten Sie auf ein ernsthaftes Auspendeln Ihrer eigenen Person grundsätzlich verzichten. Selbstverständlich braucht Ihnen deshalb nicht unbedingt auch eine Analyse Ihres Charakters verborgen bleiben: Sicherlich werden Sie im Laufe Ihrer Pendelpraxis einen Menschen kennenlernen, dessen Pendelkünsten Sie Ihr ganzes Vertrauen schenken. Diese Mutprobe, sich von einem „Kollegen" auspendeln zu lassen, ist übrigens nur zu empfehlen, da eine solche Lesung zugleich Ihr Vertrauen in das Pendeln im allgemeinen auf eine harte Probe stellen kann. Trotzdem sollten Sie auch in diesem Fall, egal ob Sie nun überwiegend positiv oder negativ beurteilt worden sind, die Probe aufs Exempel machen lassen und mindestens noch einen weiteren Pendlerkollegen zu Rate ziehen.

Als weitere Regel sollten Sie sich zu Herzen nehmen, einen Menschen niemals in dessen Anwesenheit auszupendeln. Zwar gehört zweifelsohne ein gutes Stück Übung und Erfahrung dazu, Personen allein anhand von Fotos oder odtragenden Objekten auszupendeln, aber dennoch ist diese „Fernlesung" einfach aus dem Grund vorzuziehen, da Sie weniger zu beeinflussen sind. Bedenken Sie, daß die Beurteilung eines Menschen auf seine Gesamtlage abzielt, die aufgrund vielleicht nur momentaner Stimmungsschwankungen zu verwirrenden Pendelausschlägen führen könnte. Insbesondere, wenn Sie einen Menschen auspendeln, den Sie noch nie gesehen haben, bietet die Lesung nach einer Vorlage ein Höchstmaß an Objektivität, da sich beim Anblick eines Menschen automatisch mehr oder weniger stichhaltige, meist auf Vorurteilen beruhende Klassifizierungen aufdrängen, die wiederum in den Pendelausschlägen Ausdruck finden.

Bei der Technik zum Auspendeln einer Person können Sie auf das inzwischen wohlbekannte mentale Pendeln mittels Alternativfragen zurückgreifen, wobei die Fragestellungen jeweils ein Maximum an Präzision fordern. Allgemeinplätze wie „Ist dieser Mensch gut?“ oder „Hat dieser Mensch Charakter?“ werden in der Regel nicht zu befriedigenden Resultaten führen: Hier sollten Sie sich die Mühe machen, zu differenzieren und durch gezielte Fragen klare Antworten anzustreben. Zur Hilfestellung kann die nachstehende Auflistung der wichtigsten Charaktereigenschaften dienen, die natürlich individuell zu ergänzen ist:

Tugenden	**Laster**
Anstand	Angeberei
Aufrichtigkeit	Bösartigkeit
Ausdauer	Brutalität
Bescheidenheit	Egoismus
Dankbarkeit	Eifersucht
Demut	Eitelkeit
Ehrenhaftigkeit	Feigheit
Einfachheit	Frechheit
Geduld	Geiz
Gewissenhaftigkeit	Grausamkeit
Großzügigkeit	Heuchelei
Güte	Intoleranz
Hingabe	Kleinlichkeit
Klugheit	Leichtsinn
Loyalität	Mißtrauen
Mut	Neid
Nachgiebigkeit	Oberflächlichkeit

Tugenden	Laster
Naivität	Rachsucht
Respekt	Schwatzhaftigkeit
Selbstlosigkeit	Starrsinn
Sorgfalt	Stolz
Treue	Tücke
Umsicht	Treulosigkeit
Vernunft	Überheblichkeit
Verschwiegenheit	Unanständigkeit
Verständnis	Undankbarkeit
Würde	Unwahrheit

Nun können Sie natürlich auch auf vorgefertigte und im Fachhandel erhältliche Diagramme zurückgreifen, deren Verwendung jedoch mit einer nicht zu unterschätzenden Schwierigkeit verknüpft ist: Wie Sie aus der abgebildeten „Intelligenzuhr" (Abb. 16, Seite 91) nach Professor Mohlberg ersehen können, ergibt ein Pendelausschlag beispielsweise in dem Sektor zwischen 0 und 1 die Beurteilung „Idiotie". Nachdem der Pendel jeweils aber auch zurückschwingt, sieht es auf den ersten Blick so aus, als ob Sie sich auch für den Sektor zwischen 6 und 7, also für „Rasche Intelligenz" entscheiden könnten. Sie müssen, um nicht zu verheerenden Ergebnissen zu kommen, die Pendelschwingungen über derartigen Kreisdiagrammen sehr sorgfältig beobachten, um einen Mehrausschlag nach der gemeinten Richtung feststellen zu können. Nicht in allen Fällen schwingt der Pendel deutlich sicht- und spürbar nach nur einer Richtung aus, so daß diese Art von Diagrammen besonders für Anfänger nicht zu empfehlen sind. Weitaus praxisgerechter und unmißverständlicher sind dagegen die Halbkreis-Diagramme, wie Sie beispielsweise die Schweizerische Gesellschaft für Radiästhesie (RGS) entwickelt hat, da Sie hierbei die Gegenschwingungen unberücksichtigt lassen können (Abb. 17, 18, 19, Seiten 93 ff.).

Für die „Intelligenzuhr" nach Mohlberg gelten die folgenden Bewertungen, wobei interessanterweise höchste Genialität und tiefste Idiotie bei 0 beziehungsweise 12 Uhr zusammentreffen:

Intelligenzuhr nach Professor Mohlberg

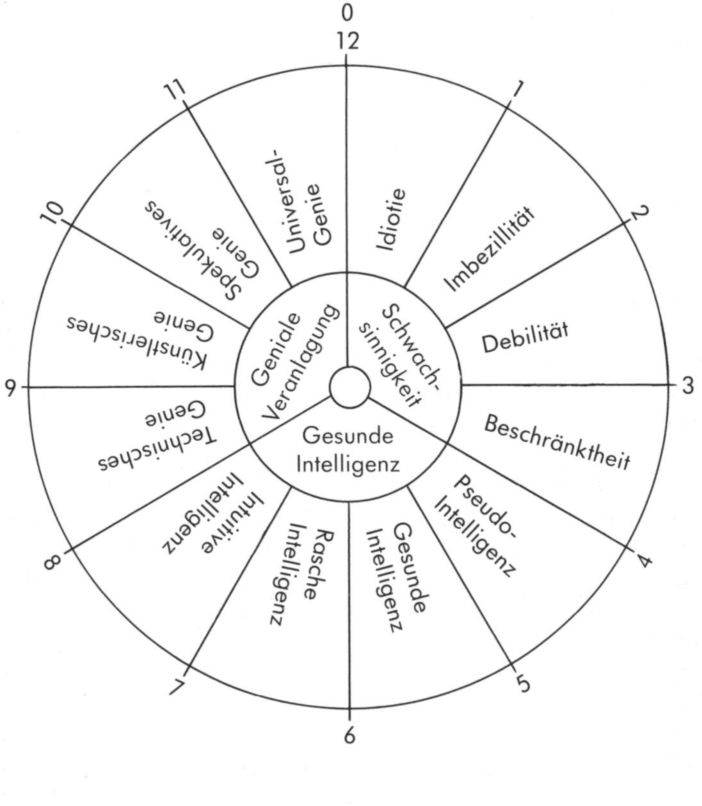

Abb. 16

0–1: *Idiotie. Die Intelligenz genügt nicht, um einfaches Schulwissen aufzunehmen. Der intellektuelle Defekt ist so groß, daß er vollständige soziale Unbrauchbarkeit zur Folge hat.*

1–2: *Imbezillität. Der Intellekt kommt nicht über den Stand des Schulwissens hinaus und bleibt auf der Stufe der schulkindlichen Intelligenz stehen. Soziale Brauchbarkeit: ein Zustand, der noch einigermaßen Bewegung in der menschlichen Gesellschaft und einige wenige wirkliche Leistungen erlaubt.*

2–3: *Debilität. Der Patient bleibt in der Weiterentwicklung der Intelligenz stecken. In außerordentlich einfachen Verhältnissen findet er noch ein selbständiges Fortkommen, versagt aber, sobald Durchschnittsforderungen an ihn gestellt werden.*

3–4: *Beschränktheit. Man spricht dabei von „höherem Blödsinn“. Die Betreffenden können sich gut Schul- und Weiterbildung aneignen, aber oft nur auf beschränkten Teilgebieten, dabei kann das Verhältnis zwischen Trieb und Intelligenz gestört sein. Sozial können sie es weit bringen, machen aber gern – und oft – große Dummheiten.*

4–5: *Pseudointelligenz. Überwiegend starkes Gedächtnis und oberflächliches Verstehen.*

5–6: *Gesunde Intelligenz mit langsamem Verstehen („lange Leitung“).*

6–7: *Intelligenz mit raschem gründlichem Verstehen.*

7–8: *Intuitive Intelligenz.*

8–9: *Genie mit überwiegend technischer Begabung.*

9–10: *Genie mit überwiegend künstlerischer Begabung.*

10–11: *Genie mit überwiegend spekulativer Begabung.*

11–12: *Universalgenie.*

(Nach: Georg Kirchner, Pendel und Wünschelrute. Knaur, 1. Auflage 1985, Seite 107–108)

Bei der Arbeit mit dieser „Intelligenzuhr“ müssen Sie natürlich berücksichtigen, daß es sich bei den genannten Klassifizierungen um Grenzfälle des täglichen Lebens handelt, die in ihrer Reinform nur ausgesprochen selten anzutreffen sind. So mag dieses Diagramm allenfalls als grobe Orientierung dienen, wobei Sie, um eine Aussage zu treffen, höchste Vorsicht walten lassen und Ihre Ergebnisse durch

Intelligenzdiagramm nach RGS

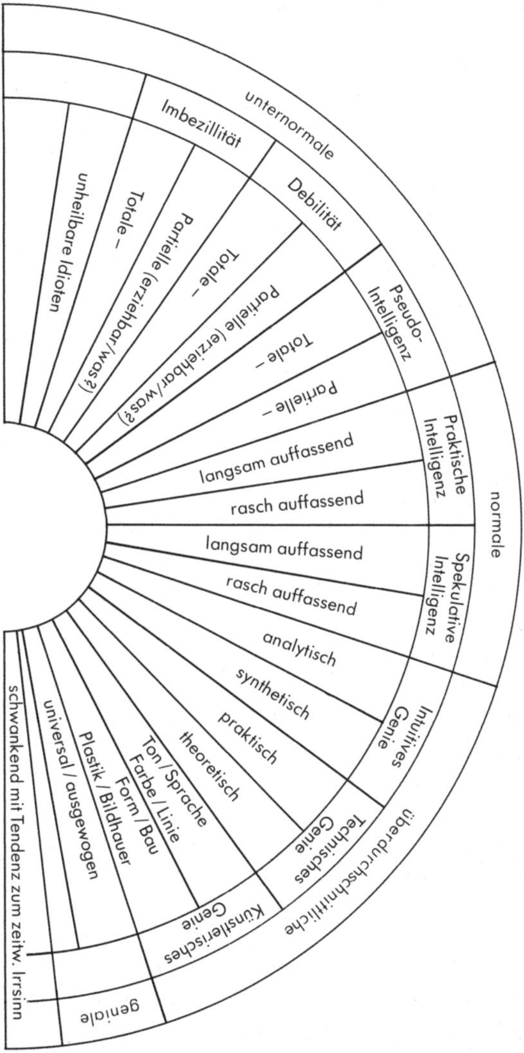

Abb. 17

Psychisches Analysediagramm nach RGS

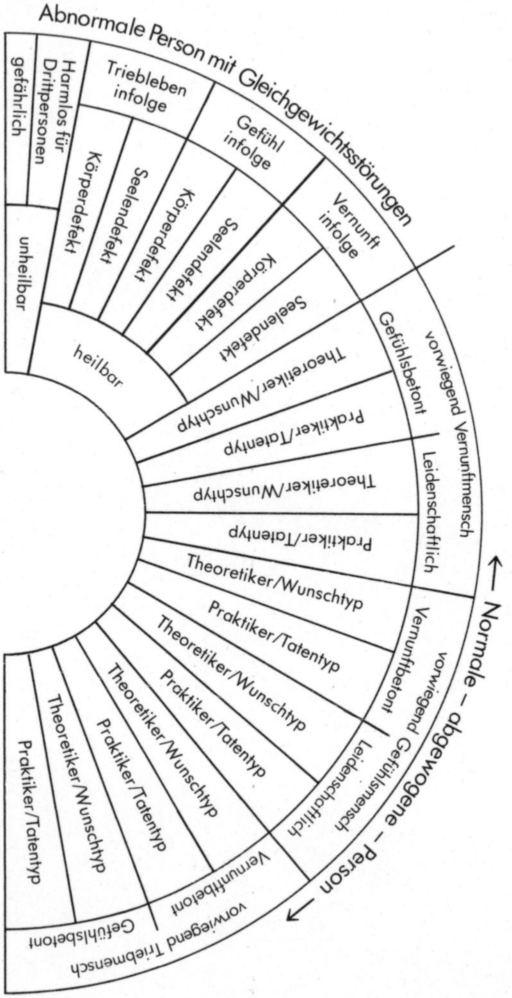

Abb. 18

Berufsberatungsdiagramm nach RGS

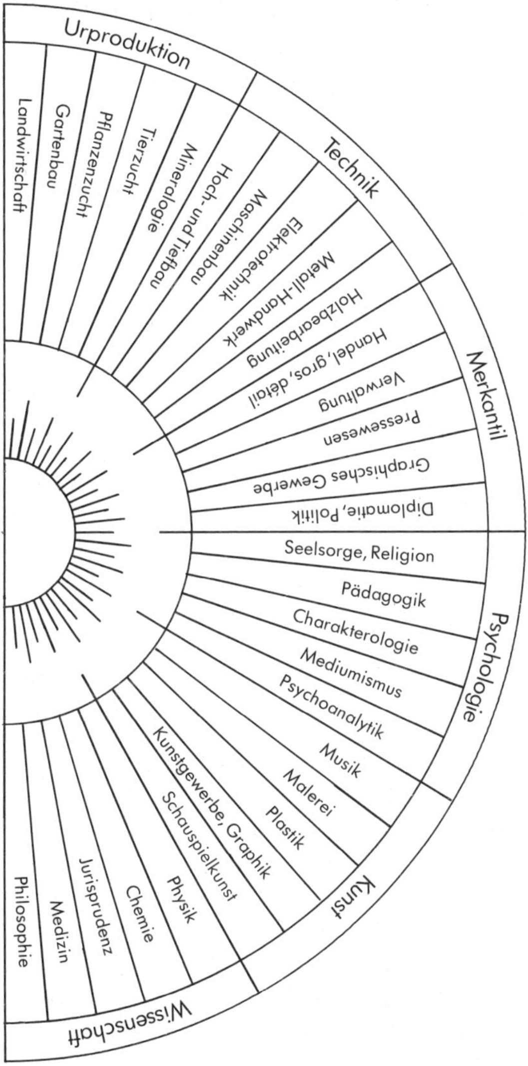

Abb. 19

mehrere Proben – eventuell auch mit Hilfe einer anderen Methode – festigen sollten.

Ein weiteres Verfahren, das ebenfalls mit Hilfe einer Karte realisiert wird, stellt die Methode Isidore Friedmans dar, die nicht auf die Feststellung einzelner Charaktermerkmale ausgerichtet ist, sondern mehr auf das allgemeine Gleichgewicht der menschlichen Psyche. Sein Gedankengang gründet sich auf das Spezialistentum der Menschheit, das nicht nur im Berufsleben zu finden ist, sondern auch im Innenleben des jeweiligen Menschen. Sicher kennen auch Sie Menschen, die zwar im Beruf außerordentlich erfolgreich sind, privat aber auf der ganzen Linie vom Pech verfolgt sind. Andere wiederum erfreuen sich größter sozialer Beliebtheit, sind aber außerstande, Ihren Lebensunterhalt selbst zu verdienen. Friedman nennt fünf Gebiete, die, um eine Balance des Lebens zu gewährleisten, in gleichen Maßen verteilt sein sollten:

körperliche Aspekte:
Nahrung, Kleidung, gute Gesundheit, Sport

mentale Aspekte:
intellektuelle Fähigkeiten, mentale Interessen, die Fähigkeit zu Kontakten und Interessenteilung

finanzielle Aspekte:
Karriere, genug Geld zu verdienen, um gesund und behaglich leben zu können, und zwar Geld mit dem zu verdienen, was man gerne tut

soziale Aspekte:
Freunde, Beziehungen zu Leuten der eigenen Art, Liebe, das Gefühl, verstanden zu werden

spirituelle Aspekte:
Suche nach Sinn und Zweck des Lebens, inneres Wachstum
(Nach: Greg Nielsen/Joseph Polansky, Die Magie des Pendels. Heyne 1986, Seite 116)

Fünfzack nach Friedman

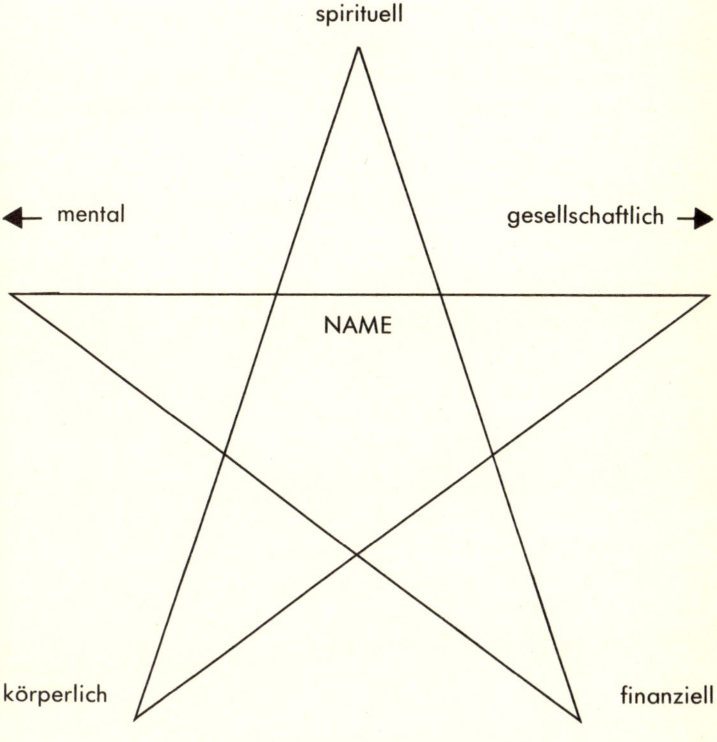

Abb. 20

Der Fünfzack nach Friedman mag den Vorteil haben, daß die Richtung des Pendelausschlags eindeutig einem Bereich zuzuordnen ist, und auch die Kriterien zur Beurteilung scheinen auf den ersten Blick umfassend zu sein. Bei näherer Betrachtung jedoch kann auch diese Methode weiteren differenzierteren Prüfungen nur vorausgehen, da beispielsweise bei dem finanziellen Aspekt kein Hinweis zu finden ist, ob das Geld mit ehrlichen Mitteln oder mit Betrügereien verdient wird – ein Umstand, der je nach Zweck der Untersuchung ausgesprochen wichtig sein kann.

Der richtige Partner

Bundesrepublik Deutschland, 1985:

Eheschließungen:	*364 661*
Geschiedene Ehen:	*128 124*
davon Antragsteller	
– Mann:	*41 317*
– Frau:	*75 608*
– beide:	*11 119*

(Quelle: Statistisches Jahrbuch 1987, Hrsg.: Statistisches Bundesamt)

Sie könnten jetzt mit dem Lieblingsargument der Zweifler anführen, daß es sich hierbei lediglich um abstrakte Zahlen handelt und daß es in der Praxis ganz anders aussähe. Doch selbst wenn in Ihrem Bekanntenkreis alle Ehen „gut gehen", sollten Sie nicht darüber hinwegsehen, weshalb sie so „gut gehen". Die meisten Ehen werden nach einer Ehedauer von 16 bis 25 Jahren geschieden, was eindeutig den Schluß zuläßt, daß man sich halt zusammenrauft, bis die Kinder halbwegs flügge geworden sind. Dauert die Ehe über 25 Jahre an, so sinkt die Scheidungsrate wieder um ein Beträchtliches, so daß man eigentlich nur diejenigen Ehen, die diese 25 Jahre überdauern, als wirklich gut bezeichnen kann.

Liebe, das einander in seiner Existenz wechselseitig anerkennende, ja fördernde Streben zueinander. In diesem allgemeinen Sinne gilt die Liebe im altindischen Veda und in der altgriechischen Philosophie (Hesiod, Empedokles) als kosmisches Prinzip, durch das das Weltall in der auseinanderstrebenden Fülle seiner Kräfte und Gestalten gebändigt und geeinigt wird. Als menschliche Liebe einerseits das leiblich-seelische Prinzip der Geschlechtlichkeit (Erotik), andererseits das seelisch-geistige Prinzip der von jedem Besitzwillen freien „platonischen Liebe"...

... Verdrängte Liebe kann nach der Tiefenpsychologie in ihr Gegenteil, in Haß umschlagen, zu einer bis zur Leidenschaft gesteigerten

Abneigung. Haß und Liebe sind für Empedokles die bewirkenden Kräfte der Weltenentwicklung.
(Philosophisches Wörterbuch, begründet von Heinrich Schmidt. Kröner Verlag, 17. Auflage 1965, Seite 355–356)

Hehre Worte, die zum Nachdenken verführen können, wenn man sich bewußt wird, welche Momente heutzutage in eine Partnerschaft mit einfließen. In einer Zeit, in der zumeist erst dann geheiratet wird und Kinder in die Welt gesetzt werden, wenn entweder der Verdienst stimmt oder die Frau „endlich zuschlagen muß", weil sie von der „Panik der Dreißigjährigen" ergriffen wird, könnte es auf den ersten Blick so aussehen, daß die Liebe hier eigentlich nichts zu suchen hat. Auf der anderen Seite muß ja irgendwann einmal alles angefangen haben, die gegenseitige Sympathie, die erste Verliebtheit und all die Ereignisse, die mit positiven als auch negativen Gefühlsausbrüchen einhergingen. Doch weshalb werden diese Emotionskurven mit den Jahren immer flacher? Ist es die berühmte „Gewohnheit", oder liegt der Grund darin, daß man mit dem falschen Partner zusammenlebt? Weshalb gibt es Ehepaare, die sich selbst nach mehreren Jahrzehnten noch genauso lieben wie in der ersten Woche?

Nun, wenn die Antwort auf diese Fragen so einfach zu geben wäre, gäbe es keine Ehescheidungen mehr und dafür nur noch zeitlebens glückliche Paare. Gerade deshalb aber, weil dieses Problem mit Hilfe wissenschaftlicher Methoden nicht zu bewältigen ist, könnte der Pendel hier Dienste leisten, mit denen herkömmliche Untersuchungen und Analysen der Psychologie nicht konkurrieren können. Sind Ihnen bei der Definition des Begriffs Liebe die Worte „kosmisches Prinzip" und „Kräfte" aufgefallen – Worte, die immer wieder im Zusammenhang mit dem Pendeln verwendet werden?

Alle Pendelforscher sind sich darüber einig, daß mit Hilfe des Pendels der richtige Partner gefunden werden kann beziehungsweise festgestellt werden kann, ob zwei Menschen zusammenpassen oder nicht. Zwar ist der Pendler mit dem mittlerweile bekannten Problem der Selbstbeeinflussung konfrontiert, wenn es darum geht, seine eigene Beziehung auszupendeln, doch besteht ja für diesen Fall die Möglichkeit, einen Pendlerkollegen zu Rate zu ziehen. Wollen Sie die Verträglichkeit zweier Menschen untersuchen, so haben Sie prinzipiell zwei Methoden zur Wahl: Zum einen können Sie mit Hilfe des mentalen Pendelns die zwei entsprechenden, unter dem Pendel liegenden Namen prüfen. Zum anderen, und diese Methode ist wegen der körperlich ins Spiel gebrachten Aura zu bevorzugen, können Sie über den Händen der Partner pendeln, die mit zueinandergekehrten Daumen sehr nahe beieinanderliegen sollten, ohne sich jedoch zu berühren.

Am besten ist es natürlich, jeweils beide Methoden anzuwenden, wobei Sie erst die Untersuchung über den Namenszetteln und anschließend die Untersuchung über den Händen vornehmen sollten. Testen Sie Ihren Bekanntenkreis aus oder auch Paare des öffentlichen Lebens, doch bewahren Sie sich soviel Taktgefühl, niemanden mit Ihren Ergebnissen zu konfrontieren, wenn Sie nicht darum gebeten werden. Und bedenken Sie – falls Sie vorhaben, das Pendeln zur Erwerbsquelle zu machen – daß sogenannte Ehemakler oder auch Heiratsvermittler verpflichtet sind, ein Gewerbe anzumelden.

Handschriften

Sehen Sie, was der Pendelforscher Friedrich Kallenberg in seinem 1913 veröffentlichten Buch „Offenbarungen des siderischen Pendels" zum Thema Graphologie und Pendel sagt, hier wiedergegeben als Zitate in einem Text des berühmten Schweizer Pendlers und Graphologen Joseph Seiler.

Die Schwingungen des siderischen Pendels über der Handschrift, mag sie noch so alten Datums sein ... bezeugen 1. das Geschlecht, 2. gesunde oder krankhafte Veranlagung, 3. Temperament und 4. Erregungszustand im Moment der Aufnahme. – Der Kreis = männlich, die Ellipse = weiblich. Dies sei zugleich das absolut sichere Anzeichen der gesunden Veranlagung in geistiger und körperlicher Beziehung. Figuren oder Pendelbahnen, welche von diesen elementaren Grundformen abweichen, deuten hingegen auf anormale Eigenschaften hin. Pendelschwingungen über den Handschriften abnorm veranlagter Menschen verursachen dem Experimentator physische Schmerzen oder Unbehagen. – Es gebe zahllose Übergangsformen zwischen Kreis und Ellipse, die in ihrer Bedeutung zum überwiegenden Teile noch der Erklärung bedürfen ... Mit besonderem Nachdruck weise der Pendelgang auf die sexuelle Veranlagung, auf Prostitution oder Homosexualität hin, welche er durch abnorme Linienführung kennzeichne. Jedoch sei Feststellungen dieser Art strengste Gewissenhaftigkeit geboten!

Komplizierte Veranlagung werde verraten durch lange andauernden Stillstand des Pendels oder des Rings, sowie durch Schmerzen beim Experimentieren.

Nachdem Kallenberg von den unermeßlichen Möglichkeiten des siderischen Pendels gesprochen hat, folgt die weise Einschränkung: Gewisse Seiten des menschlichen Wesens faßt er (der Pendel) rücksichtslos, eindringlich an ..., gewiß, er ist kein vollkommener Charakterdarsteller! Dann warnt der Autor noch vor leichtfertigem Beurteilen der Pendelbahnen, vor Beunruhigungsstiftern und willkürlichem Hinübergreifen in das Gebiet der Charakterdeutung und fügt, obschon er von

der Brauchbarkeit des Pendels als diagnostischem Hilfsmittel überzeugt ist, hinzu: Die Diagnose innerer Leiden . . . muß dem Berufsarzt überlassen werden.
(Nach: Joseph Seiler, Mit Wünschelrute und Pendel zu den faszinierendsten Entdeckungen. Corona Verlag, 6. Auflage 1984, Seite 166–167)

Interessant bei diesem Text ist nicht nur die Aussage Kallenbergs, sondern auch die mit zynischen Momenten durchsetzte Art des Schweizer Pendlers und Graphologen, mit der er sich diesem Text nähert. Dieses „Zitat eines Zitats" steht stellvertretend für die Situation des Pendler-Schrifttums und findet seine Ursache in dem Punkt, daß das Pendeln einfach eine vollkommen individuelle Angelegenheit ist, die nicht pauschaliert weitergegeben werden kann. Bei Kallenberg sind es Kreise und Ellipsen, die eine männliche und weibliche beziehungsweise positive und negative Antwort geben, bei Ihnen vielleicht horizontale und vertikale Strichungen oder Kreisungen im und gegen den Uhrzeigersinn.

Vielleicht haben Sie sich die Frage gestellt, weshalb man über Handschriften überhaupt noch pendeln soll, da man aus ihnen ja mit Hilfe der Graphologie ausreichend lesen kann. Ein kleines Beispiel aus der jüngeren Geschichte beweist, daß der Pendel durchaus eine Stufe über dem graphologischen Gutachten seinen Platz findet:

Eine Million Mark kassierte 1969 der amerikanische Schriftsteller Clifford Irving bei einem der angesehensten Großverlage New Yorks für die angeblichen Memoiren des Multimillionärs Howard Hughes. Das Geschäft kam zustande, nachdem der Verleger von Irving ein Beglaubigungsschreiben erhalten hatte, in dem Hughes erklärte, daß der Autor handlungsbevollmächtigt sei und er dieses Schreiben von zwei namhaften Graphologen hatte prüfen lassen. Das Projekt platzte, nachdem sich das Buch und später auch das handschriftliche Beglaubigungsschreiben von Howard Hughes als Fälschung erwiesen hatte, doch es hätte gar nicht erst zustandekommen müssen: Der zuständige Lektor hatte nämlich das Schreiben auspendeln lassen und als Fälschung erkannt – nur traute er sich wegen der Gutachten der angesehenen Graphologen nicht, seine Entdeckung weiterzuleiten.

Nun, auch wenn Sie nicht berufsmäßig Kriminalist spielen müssen, kann Ihnen das Pendeln über Handschriften nützlich sein – nämlich dann, wenn Sie nichts von der Graphologie verstehen. Probieren Sie zunächst einmal, über Schriftproben Ihres Bekanntenkreises zu pendeln und auf diese Weise Ihre Signale für die verschiedenen Kriterien Ihres Interesses zu justieren. Versuchen Sie, eindeutige Antworten für das Alter, den gesundheitlichen Zustand und die Charakterlage festzustellen, wobei Sie auf die Ihnen bekannten Methoden zurückgreifen. Natürlich können Sie auch, bei weitgehenden Übereinstimmungen, daran gehen, Karten anzufertigen, wobei Sie jedoch immer den Umstand bedenken sollten, daß ein privater Brief fast immer eine ziemlich emotionale Angelegenheit ist. Der jeweilige Erregungszustand mag eine Schrift älter oder auch jünger machen, als sie dem Alter des Schreibers tatsächlich entspricht – und ebenso mag es sich mit dem Gesundheitszustand oder der Charakterlage verhalten. Trotz dieser eventuell verfälschenden Aspekte sollten Sie im Rahmen Ihrer Übungen zumindest versuchen, zu einem Ergebnis zu kommen. Dies kann natürlich auch so aussehen, daß Sie beim Pendeln über Handschriften zu keinen befriedigenden Ergebnissen kommen – in diesem Fall sollten Sie das graphologische Pendeln zurückstellen und zu einem späteren Zeitpunkt wiederholen.

Als Trost – für den Fall, daß Sie hier erfolglos geblieben sind – sei gesagt, daß das Pendeln über Handschriften eben wegen der ausschlagablenkenden momentanen Temperamentslage zum Zeitpunkt des Schreibens zu den schwierigsten Gebieten im Bereich des Pendelns überhaupt gehört. Um wieviel einfacher dagegen ist das Pendeln über „toten“ Landkarten oder Plänen – doch darüber werden Sie später lesen.

Fotografien

Das Auspendeln von Fotografien – vornehmlich von Personenabbildungen – stellt einen Bereich dar, dem sich die Pendelforschung erst allmählich nähert. Ob diese Vernachlässigung damit zu tun hat, daß das naturgetreue Abbild eines lebenden Menschen an sich schon Respekt einflößt und für technische Laien wie ein Wunder anmuten muß? Jeder kennt die Scheu der sogenannten „Primitiv-Völker", die sich standhaft weigern, wenn es darum geht, fotografiert zu werden, da es ihnen einfach unheimlich ist, sich unversehens auf einem Stück Papier wiederzufinden. Aufmerksam sollte auch der Umstand machen, daß dieses Verhalten gerade bei solchen ethnischen Gruppen beobachtet werden kann, die sich mit traumwandlerischer Sicherheit auf okkulten und magischen Gebieten bewegen.

Eine Kamera ist im Prinzip ein lichtdichter Kasten mit einer Öffnung, durch die für bestimmte Zeit Licht eindringt und ein Bild auf der lichtempfindlichen Schicht des Films bewirkt. Dieses Muster der Lochkamera (camera obscura = dunkle Kammer, vgl. Abb. 21, Seite 106), wurde erstmals von dem Universalgenie Leonardo da Vinci (1452–1519) entdeckt, der das Phänomen der seitenverkehrten, auf dem Kopf stehenden Abbildung eines Originals beschrieb.

Fotografieren bedeutet schreiben oder zeichnen mit Hilfe des Lichtes, das sich mit einer Geschwindigkeit von 300 000 Kilometern pro Sekunde (Schall 333 Meter pro Sekunde) geradlinig bewegt. Elektromagnetische Wellen, die von unserem Auge registriert und als Licht empfunden werden, transportieren das Abbild eines Gegenstandes oder eines Menschen auf einen mit Chemikalien versetzten Zelluloidstreifen.

Wie der bereits erwähnte Pendelforscher Friedrich Kallenberg Anfang dieses Jahrhunderts entdeckte, daß die Fotografie ebenso wie das Original von einer Aura umgeben ist, zeigt die folgende kleine Passage:

Lochkamera (camera obscura)

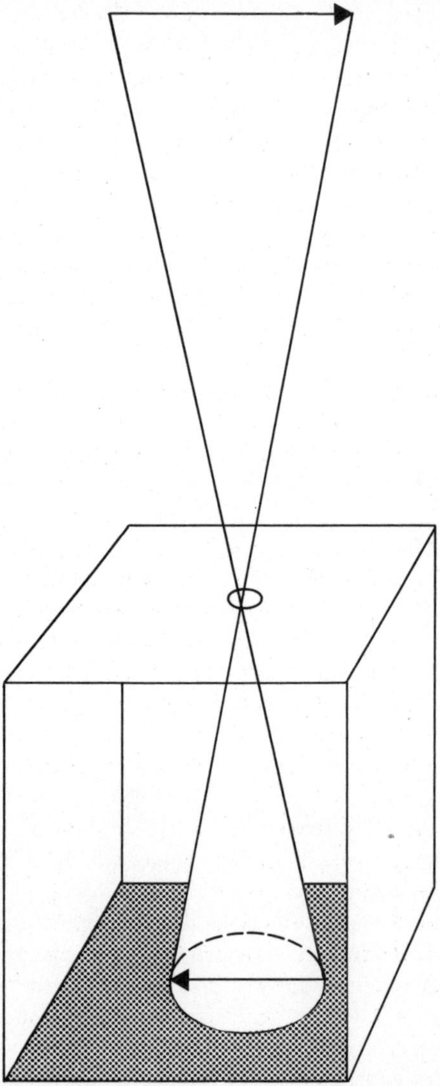

Abb. 21

Es war zu fortgeschrittener Stunde in einer sommerwarmen Frühlingsnacht. Der Schein meiner Studierlampe leuchtete über einer Menge von Dingen aller Art, welche dem siderischen Pendel dies und jenes von ihrem innersten Wesen erzählten, und ich selbst hatte, noch mit dem bescheidenen Instrument bewaffnet, einige Augenblicke gerastet, um darüber nachzudenken, was wohl jetzt an die Reihe kommen sollte. Zu meiner Rechten lag das fotografische Bildnis meiner jüngst verstorbenen Frau. Mechanisch – ohne mich irgendeiner Erwartung hinzugeben – griff ich nach ihm, und ließ den Pendel über ihm ruhen. Und siehe: das Wunder geschah! Das „Wunder", welches, nachdem ich und andere es einmal zu Recht als bestehend erkannt hatten, wenige Wochen später alle Welt in Aufregung und höchste Spannung versetzte, die Entdekkung, daß das fotografische Bildnis, sei es im Negativ, sei es im Positiv, kein toter Abklatsch, sondern ein lebensvoller Reflex der betreffenden Persönlichkeit ist! Der Pendel schwang in schmaler, weit ausholender Ellipse von Norden nach Süden über der Fotografie meiner Frau!
(Nach: Georg Kirchner, Pendel und Wünschelrute. Knaur 1985, Seite 127)

Interessant ist bei dieser etwas pathetischen Schilderung nicht nur das Wesentliche, daß nämlich Fotografien mit einer Aura ausgestattet sind, sondern auch die Art und Weise, wie Kallenberg zu seiner Entdeckung kam: Er wußte nicht, was er tun sollte und spielte – die Entdeckung fiel ihm „zufällig" in den Schoß. Ein freimütiges Geständnis, das die Frage in den Raum stellt, wieviele aller großen Entdeckungen auf diese Art gemacht wurden, jedoch in Anbetracht des zu schmälernden Ruhmes fleißiger Forschungsarbeit untergeschoben wurden.

Obwohl sich Kallenberg und nach ihm noch andere Forscher dem Thema ausgiebig zuwandten, kann bis heute nicht erklärt werden, welchen Gesetzmäßigkeiten dieses Phänomen folgt, so daß nach wie vor einige vage Aussagen zu erklären versuchen, weshalb der Pendel über Fotografien schwingt – und zwar mit ebensolchen Ausschlägen, wie über dem Original. Es wird hier angeführt, daß das Foto der elektromagnetische Reflex der Wesenheit des Originals ist, der sich als kreisende Ionenbahnen offenbare, in deren Schwingungen dann wiederum der Pendel eintrete.

Nun, diese Erklärungen sind überflüssig, da sie eher verwirren als das Phänomen erhellen. Doch ein den Lichtwellen verwandter Bereich – der der Schallwellen – kann hier durchaus Aufhellung bringen: Stehen beispielsweise zwei gleichgestimmte Klaviere in nebeneinanderliegenden Räumen und wird auf dem einen Klavier ein Ton angeschlagen, so gerät durch einen Resonanzeffekt die entsprechende Saite des anderen Klaviers automatisch in Schwingung.

Es mag sein, daß es sich bei der Aura von fotografischen Aufnahmen ebenso verhält, doch letztendlich ist es müßig, nach möglichst eingängigen Erklärungen dafür zu suchen, daß der Pendel über fotografischen Negativen oder auch Positiven in Schwingung gerät – versuchen Sie das Phänomen der Ausschläge hinzunehmen, ohne mit Gewalt nach einer Vernunftslösung zu forschen.

Auch hierbei werden Sie bei Ihren eigenen Experimenten zunächst daran gehen müssen, die Antworten des Pendels individuell einzurichten. Dazu nehmen Sie am besten ein Foto einer Person her, die Sie sehr gut kennen und justieren beispielsweise Ihre Fragen nach dem Geschlecht, dem Alter oder nach anderen persönlichen Merkmalen ein, bis Sie – gestärkt durch die Probe mit anderen Fotos – eindeutige Ausschläge als eindeutige Antworten feststellen können. Als nächsten Schritt legen Sie mehrere Fotografien von Ihnen bekannten Personen in eine Schachtel, nehmen mit geschlossenen Augen ein Bild heraus und bedecken es mit einem Blatt Papier, das dick genug sein sollte, um das Foto für Sie unkenntlich zu machen. Jetzt stellen Sie Ihre Fragen über die abgebildete Person und verfahren ebenso mit den anderen Bildern, wobei Sie nach jeder Lesung überprüfen, ob Ihnen der Pendel die Wahrheit gesagt hat.

Weitere interessante Ergebnisse können Sie erhalten, wenn Sie nacheinander die Handschrift und das Foto ein und derselben Person auspendeln. Möglicherweise werden Sie über der Handschrift andere Antwortzeichen erhalten, als über dem Foto. Lassen Sie sich dadurch nicht verwirren, der Grund liegt darin, daß Sie die Antworten Ihres Pendels über jedem Objekt oder Medium gesondert justieren müssen. Nochmals sei in diesem Zusammenhang darauf hingewiesen, daß deshalb die auf den ersten Blick so einfach zu handhabenden, käuflich erwerbbaren Pendelkarten und Diagramme in der Regel nicht zu empfehlen sind. Wenn Sie über verschiedenen Objektgruppen pendeln, wird es sich mit der Zeit nicht vermeiden lassen, daß sich Ihre Aufzeichnungen über die verschiedenen Justierungen anhäufen, so daß Sie der Einfachheit und der Übersicht halber automatisch dazu übergehen werden, eigene Diagramme oder Karten anzufertigen. Diese Unterlagen dagegen sind für Sie von bleibendem Wert und haben den Vorteil, daß damit ausschließlich Sie selbst arbeiten können – sollten sie also in fremde Hände gelangen, können sie wenig Schaden anrichten.

Noch ein Tip, der Ihnen über anfängliche Schwierigkeiten beim Pendeln über Fotografien hinweghelfen kann: Verwenden Sie bei Ihren ersten Übungen Fotos, auf denen die abgebildeten Personen den Betrachter direkt anblicken – der unmittelbare Augenkontakt erhöht die Konzentration und vergrößert somit die „Öffnung", durch die die „große Kraft" in Sie und damit in Ihren Pendel eindringen kann.

Ortsbestimmungen

Bevor Sie damit beginnen, in der freien Natur nach Wasser, Erzen oder anderen Objekten zu suchen, sollten Sie sich die Grundbegriffe zur Bestimmung eines gesuchten Ortes nach Lage und Richtung aneignen. Für Ihre entsprechenden praktischen Übungen wäre ein Grundstück mit einem unterirdischen Wasserlauf oder einer Wasserleitung optimal, dessen Verlauf Sie anhand eines Plans überprüfen können. Doch auch wenn Sie nicht über solche Arbeitsbedingungen verfügen sollten, können Sie sich ein Trainingsfeld präparieren, indem Sie bestimmte Objekte einfach an verschiedenen Stellen in der Erde vergraben. Um eine möglichst genaue Skizze anfertigen zu können, sollten Sie die Eingrabungen an eindeutig definierbaren Stellen vornehmen, wozu Sie sich auch eines Kompasses bedienen können. Diese Skizze können Sie später, wenn es um das Auspendeln von Landkarten und Plänen geht, ebenso benutzen, so daß Sie sich die Arbeit nur einmal zu machen brauchen. Achten Sie beim Zeichnen Ihrer Skizze wirklich auf äußerste Exaktheit – 20 Schritte in Richtung Straße und dann 10 Schritte nach rechts beispielsweise sind alles andere als exakt. Falls Sie mit einem Kompaß nicht umgehen können, können Sie diese Genauigkeit auch mittels Schnittpunkten herstellen.

Haben Sie die „Ostereier“ gut versteckt und einen entsprechenden Plan angelegt, können Sie sich daran machen, von einer beliebigen Position aus die Suche zu beginnen. Dabei gehen Sie nach der logischen Methode vor, zunächst einmal die grobe Richtung festzustellen, um dann immer mehr eingrenzend auf die exakte Stelle zu stoßen. Wichtig ist bei allen nun folgenden Techniken, daß Sie Ihren Pendel auf das programmieren, was Sie vorhaben. Hierzu können Sie nicht nur nach der bekannten Fragen-Methode vorgehen, indem Sie beispielsweise Ihren Pendel fragen „Liegt das Objekt von mir aus gesehen im Norden?“, sondern Sie haben nun auch die Möglichkeit, allgemein zu fragen – beispielsweise „In welcher Richtung liegt das Objekt?“ Bei der zweiten Methode benötigen Sie einen Richtungsanzeiger, da Ihnen der Pendel natürlich nicht verbal erklären kann, wo

Mit dem freien Arm die Richtung orten

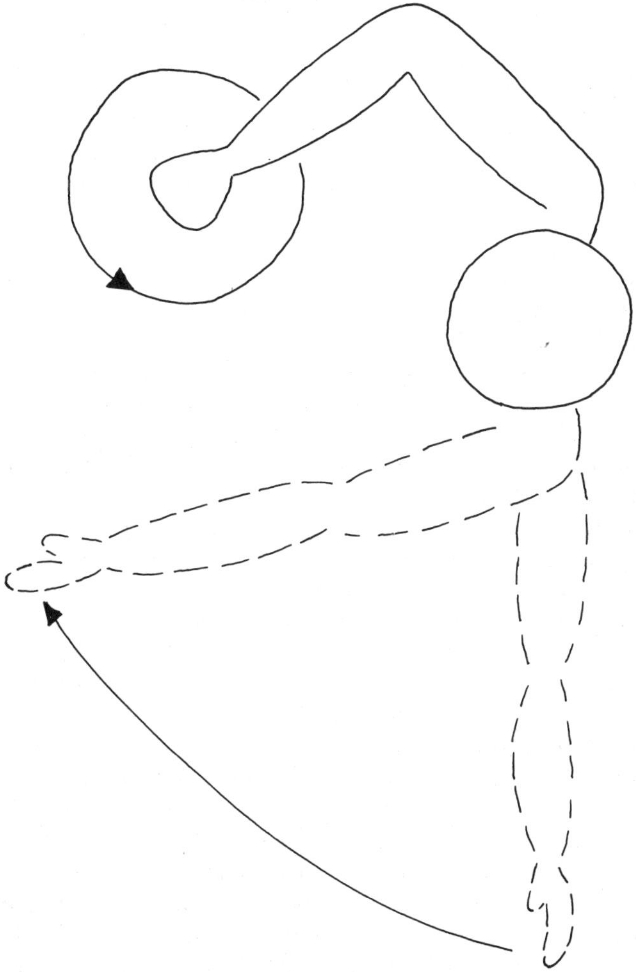

Abb. 22

Sie Ihr Objekt finden. Nehmen Sie also Ihren Pendel in die rechte oder linke Hand, justieren Sie ihn auf eine Ihrer Person zugeordneten Länge und versetzen ihn in eine aussagelose, neutrale Schwingung. Jetzt strecken Sie den freien Arm seitlich aus und bewegen ihn im Zeitlupentempo halbkreisförmig um ihren Körper, wobei Sie Ihrem Pendel immer wieder die Frage stellen „In welcher Richtung liegt mein gesuchtes Objekt?" (vgl. Abb. 22, Seite 111)

Sie werden die Antwort deutlich verspüren, denn der Pendel verändert schlagartig seinen Ausschlag, wenn Ihr Arm in Richtung der versteckten Sache deutet. Nun wissen Sie zwar die Richtung Ihres Verstecks, doch wissen Sie noch nicht, in welcher Entfernung es sich befindet. Um diese festzustellen, verändern Sie – nachdem Sie die herausgefundene Richtung auf einem Blatt Papier festgehalten haben – einfach Ihre Position. Nachdem Sie auch von dort aus die Richtung geortet haben, ergibt sich aus dem Schnittpunkt Ihrer zwei eingezeichneten Linien die Fundstelle.

Da es gerade für in Vermessungssachen ungeübte Personen schwierig ist, eine Position auf dem Plan in der Wirklichkeit zu finden, müssen Sie möglicherweise zu Anfang etwas langsamer vorgehen und die Fundstelle zur Sicherheit noch von einer dritten Position aus anpeilen. Haben Sie sich mit Hilfe der eingrenzenden Richtungsbestimmung auf eine kleine Fläche vorgekämpft, innerhalb der das Versteck liegen könnte, müssen Sie nun mittels einer feineren Methode die genaue Lage orten.

Eine Möglichkeit wäre, die Fläche langsam abzuschreiten, wobei Sie immer einen Fuß nur wenig vor den anderen setzen, damit die Fußspitzen als Zeiger dienen. Doch besteht beim Umhergehen – besonders, wenn Sie einen leichten Pendel benutzen – die ständige Gefahr der mechanischen Beeinflussung der Pendelausschläge, so daß Sie hier zu falschen Ergebnissen kommen könnten. Die sicherere Methode besteht darin, das in Frage kommende Feld mit einem Stock abzutasten, mit dessen Hilfe Sie nach ein wenig Übung bis auf wenige Zentimeter genau die Umrisse des vergrabenen Objekts feststellen können (vgl. Abb. 23, Seite 113).

Müssen Sie jedoch mit dem Pendel in der Hand umhergehen, weil Sie beispielsweise eine Spur verfolgen, dann sollten Sie auf jeden Fall einen schweren Geländependel benutzen, dessen Körper über 200

Punkt-Abtastung des Geländes

Abb. 23

Gramm wiegen und dessen Faden die entsprechende Länge aufweisen sollte. Wichtig ist hierbei auch, daß Sie sich, um die Pendelausschläge harmonisch zu halten, gleichmäßig und geschmeidig bewegen – in etwa wie eine Katze, die sich an ein Beutestück anschleicht. Die Richtung der Spur wird in diesem Fall direkt von der Pendelschwingung bestimmt, die sich je nach dem Verlauf ändert. Rechnen Sie auch damit, insbesondere wenn Sie eine unterirdische Wasserader verfolgen, daß sich die Spur verzweigen kann, so daß Sie sich entweder intuitiv für eine Richtung entscheiden müssen oder aber nacheinander – nach Markierung des Gabelpunktes – beiden Spuren folgen.

Erfolge machen bekanntlich Mut – aber damit Sie Erfolge mit Ihrem Pendel erzielen können, müssen Sie üben, üben und nochmals üben. Lassen Sie sich durch eventuelle erste Fehlschläge nicht entmutigen, sondern machen Sie einfach weiter, wobei Sie besonders darauf achten müssen, ein äußerstes Maß an Konzentration aufzubringen und die richtige Fragestellung zu beachten. Bedenken Sie zudem, daß Sie bei der Verfolgung eines versteckten Wasserlaufs nicht nur die allgemeine Richtung, sondern auch die Fließrichtung feststellen können, wenn Sie Ihre Fragen entsprechend formulieren.

Mengenbestimmungen

Quantitätsbestimmungen sind nicht nur dann von Interesse, wenn sie im Zusammenhang mit einer Ortsbestimmung, also zur Festlegung einer bestimmten Entfernung oder Tiefe, erbracht werden sollen, sondern auch dann, wenn es um die Festlegung anderer Größen geht: Ob Zeit, Geschwindigkeit, Inhalt, Gewicht, Temperatur, Stromspannung oder homöopathische Potenz – mit Hilfe des Pendels sind Sie in der Lage, all diese Mengenbestimmungen durchzuführen, wobei sich die Fehlerquote in einem erstaunlich engen Rahmen bewegt.

Der Einfachheit halber sollen die folgenden Beschreibungen zur Feststellung der Größeneinheiten für Entfernungen erfolgen – natürlich sind dieselben Methoden auch für jedes andere Maß zu verwenden. Wichtig ist, daß Sie zu Anfang Ihrer Untersuchung Ihren Pendel auf die entsprechende übergeordnete Einheit (hier „Entfernung") justieren, so daß Sie dann nur noch nach den entsprechenden Untereinheiten (Kilometer, Hundertmeter, Zehnmeter, Meter, Dezimeter, Zentimeter, Millimeter) fragen müssen. Auf diese Weise ist es Ihnen nach einiger Übung möglich, selbst weite Entfernungen bis auf wenige Millimeter genau „abzuschätzen".

Als erste Methode, zu verwendbarem Zahlenmaterial zu gelangen, ist die sogenannte Rotations-Zählmethode anzuführen: Hierzu justieren Sie zunächst Ihren Pendel auf die Einheit, zum Beispiel Meter, und versetzen ihn in eine gleichmäßige Kreisung. Nun brauchen Sie jedoch nicht gleich von der ersten Kreisung ab mitzuzählen, denn bei der mentalen Methode gelten andere Gesetzmäßigkeiten als bei herkömmlichen Meßinstrumenten. Warten Sie also, bis der Pendel schön rund schwingt, und beginnen Sie dann unter voller Konzentration auf die eingestellte Meßeinheit zu zählen. Sobald die Kreisung zusammenbricht, der Pendel also in eine Strichung übergeht oder zu völligem Stillstand kommt, haben Sie die gesuchte Zahl gefunden. Auf diese Weise tasten Sie sich von der größten hinunter zu der feinsten Einheit und erhalten so eine exakte Entfernungsangabe.

Eine weitere Methode besteht darin, daß Sie sich eine Art Lineal

Linearskala zur Tiefenbestimmung

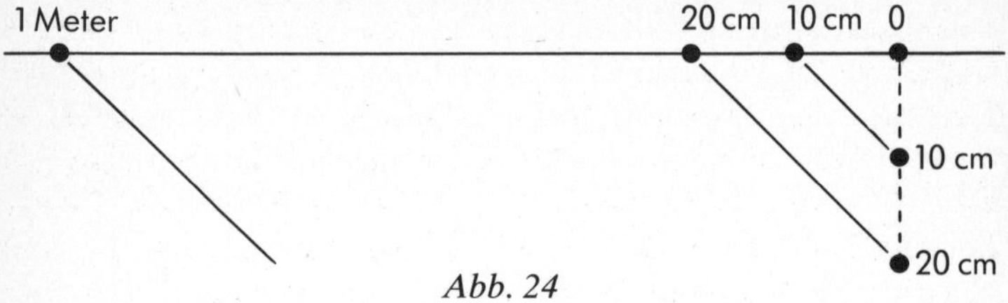

Abb. 24

Logarithmische Skala zur Tiefenbestimmung

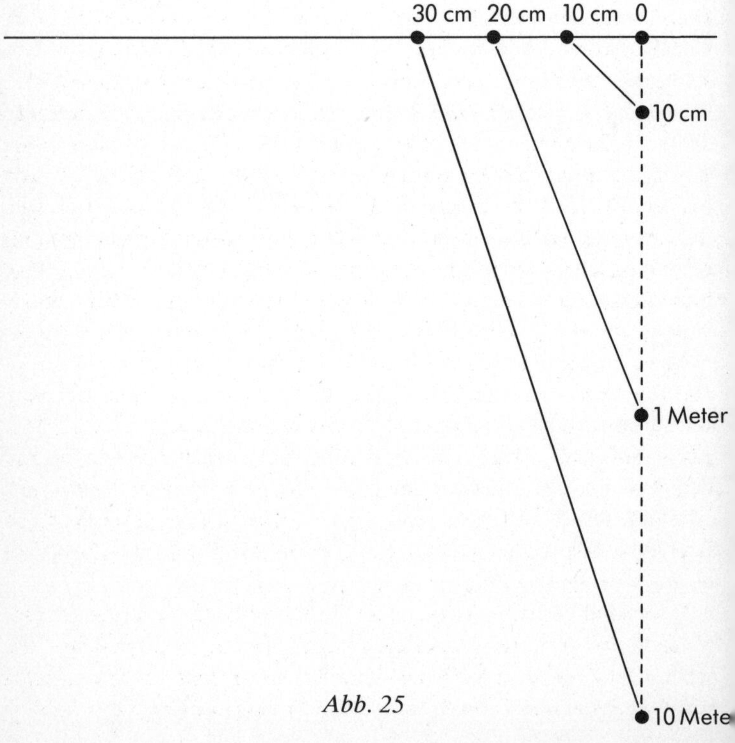

Abb. 25

bauen, mit dessen Hilfe Sie sowohl in die Weite als auch in die Tiefe messen können, was beispielsweise für Wasserbohrungen und Brunnenerschließungen von Bedeutung ist. Malen Sie zu diesem Zweck einfach ein übergroßes Lineal auf den Boden, dessen Skala Sie nun auf mehrere Arten beschriften können. Zum einen können Sie mit einer linearen Skala arbeiten, so daß bei einer Tiefenpeilung beispielsweise zehn Zentimeter horizontal zehn Zentimetern Tiefe und ein Meter horizontal auch einem Meter Tiefe entsprechen. Zum anderen können Sie eine logarithmische Skala anbringen, so daß beispielsweise zehn Zentimeter horizontal zehn Zentimetern Tiefe, zwanzig Zentimeter horizontal einem Meter Tiefe und dreißig Zentimeter horizontal zehn Metern Tiefe entsprechen (vgl. Abb. 24 und 25, Seite 116).

Wie sehr Sie hierbei Ihre Phantasie spielen lassen können, zeigt eine dritte von vielen möglichen Skaleneinteilungen, die Sie auch an einem Baum oder an einer senkrechten Wand anbringen können: In einer Hand den Pendel, bewegen Sie die andere Hand ausgestreckt die senkrechte Skala hinunter, bis die Kreisung zusammenbricht. Sie sehen, daß es wirklich auf vielerlei Arten möglich ist, Entfernungen, Tiefen und Höhen mit Hilfe des Pendels zu bestimmen. Und natürlich sind die angeführten Methoden auch zur Bestimmung der Zeit oder anderer Maßeinheiten möglich. Bedenken Sie jedoch, daß – insbesondere wenn es um die Größe Zeit geht – ein Auspendeln der Zukunft nicht möglich ist, wogegen Altersbestimmungen kein besonderes Problem darstellen. Natürlich wäre es auch unsinnig, in Anbetracht des verwehrten Blicks in die Zukunft, Zeit auf die Ermittlung von potentiellen Lottozahlen oder Börsennotierungen zu verschwenden. Eine – allerdings rein theoretische – Möglichkeit bestünde bei der Ermittlung von Trümpfen beim Kartenspiel nach Kartenausgabe oder bei der Ermittlung des richtigen Roulettefachs zwischen Kugeleinwurf und dem *Rien ne va plus* des Croupiers. Bei diesen Vorgängen sind bereits „die Würfel gefallen“, so daß man hierbei nicht von zukünftigen Ereignissen sprechen kann – doch ist in der Praxis die Zeit zum exakten Pendeln mehr als zu kurz.

Insbesondere beim Auspendeln von Stadtplänen kann es sich als nützlich erweisen, wenn Sie sich eine sogenannte Radionic-Box basteln, mit deren Hilfe Sie Hausnummern und Stockwerke – bei anderen Gegenständen Ihres Interesses beispielsweise auch exakte Ge-

Box zur Quantitätsbestimmung
(Radionic-Box)

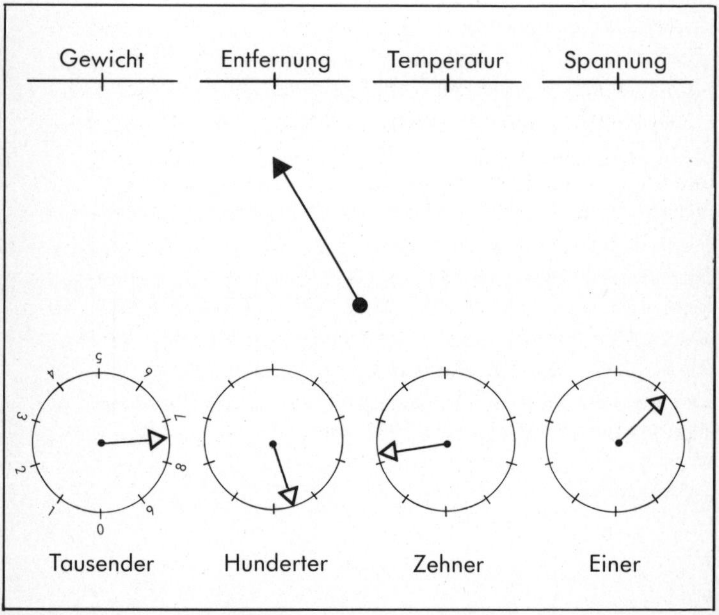

Abb. 26

wichtsangaben – bestimmen können. Aus Pappe oder unter Verwendung alter Radioknöpfe können Sie sich ein aus verschiedenen Untereinheiten bestehendes Anzeigegerät bauen, dessen Knöpfe Sie während des Pendelns lediglich der Reihe nach zu drehen brauchen (vgl. Abb. 26, Seite 118).

Sie können hierzu natürlich auch die bekannte Fragestellung nach einer „Ja"- oder „Nein"-Antwort verwenden, doch gelangen Sie mit Hilfe einer anderen Fragemethode zu einem schnelleren Ergebnis. Beginnen Sie mit der größten Einheit Ihrer Box, stellen Sie irgendeinen Wert ein, und fragen Sie „Ist es mehr als...?". Antwortet der Pendel beispielsweise mit „Nein", gehen Sie mit Ihrem Wert hinunter und gelangen so an jedem Knopf zu einem exakten Ergebnis.

Nach all diesen theoretischen Unterweisungen in die verschiedenen Techniken – und das gilt für die Mengenbestimmung ebenso wie für die Ortsbestimmung – müssen Sie sich dazu aufraffen, die trockene Theorie in die Praxis umzusetzen. Natürlich wäre es hierbei von Vorteil, wenn Sie ein bestimmtes Gebiet haben, das Sie über alles interessiert, damit Sie nicht vor der ausgesprochen schwierigen Aufgabe stehen, „einfach so" ins Blaue hineinzupendeln. Tatsächlich ist es am besten, wenn Sie sich zunächst auf ein von Ihnen bevorzugtes Gebiet, das auch im beruflichen Bereich liegen kann, beschränken, um auf diese Weise zur notwendigen Sicherheit im Umgang mit dem Pendel und mit sich selbst zu gelangen.

In der freien Natur

Haupteinsatzgebiete von berufsmäßigen Pendlern ist die Suche nach Wasser und Erzen, wobei diese Menschen nicht nur vom Pendeln, sondern überdies auch noch von den Dingen, nach denen sie suchen, eine ganze Menge verstehen müssen. Abgesehen davon, daß es an Spielerei grenzte, im überversorgten Mitteleuropa beispielsweise nach Wasser zu suchen, birgt dieser Vorgang eine nicht zu unterschätzende Gefahr: Es ist selbst für erfahrene Radiästheten nicht einfach, manchmal sogar unmöglich, eine natürliche Quelle von einer künstlichen Rohrleitung zu unterscheiden, so daß immer wieder Ärger entsteht, wenn sich nach entsprechenden Bohrungen eine vermeintliche Quelle als Versorgungs-Rohrleitung für einen Ort entpuppt.

Aber auch in Regionen der Welt, in denen das Wasser knapp ist und die erfolgreiche Suche einen notwendigen Zweck vertreten würde, ist diese Arbeit nicht einfach. Bohrungen, insbesondere Tiefbohrungen, sind sehr teuer, und eine nur um wenige Zentimeter verfehlte Bohrung kann erfolglos bleiben, wenn harte Gesteinsschichten das Durchbrechen der Ader verhindern. Ähnlich verhält es sich bei Erzen oder auch Erdöl, deren Suche ein erfahrenes Team erfordert, das entsprechend geologisch geschult sein sollte.

Beispielhaft für die glückliche Kombination von naturwissenschaftlicher Ausbildung und radiästhetischen Fähigkeiten dürfte wohl der amerikanische Ingenieur Paul Clement Brown sein, der zur Blüte der US-Ölindustrie wesentlich beigetragen hat. In der folgenden für seine erfolgreiche Arbeit stellvertretenden Übersicht können Sie sehen, daß seine Methode mit Hilfe von Pendel und Rute eine nahezu hundertprozentige Trefferquote beim Auffinden von Öl aufweist:

Gesellschaft	Prognosen	Ergebnisse
Signal Oil & Gas Company	*Einige Ölproben unter 3300 Meter, aber nicht wirtschaftlich ergiebig*	*Ölproben bei etwa 3300 Metern. Bohrloch wurde aufgegeben, da nicht ergiebig*
Standard Oil Company KCL 27-3	Entdeckung eines neuen Ölfeldes durch das Bohrloch. Ölhaltiger Sandstein mit einer Mächtigkeit von 12 Metern in einer Tiefe von etwa 2370 Metern	Neu entdeckte Ölschicht. Öl gefördert in einer Tiefe von 2371 Meter bis 2383 Meter
Standard Oil Company „67" 21-10	Trockenes Loch	Bohrung bis zur Tiefe von 3811 Meter. Kein Öl gefunden
Standard Oil Company KCL 34-3	Trockenes Loch. Nur feuchte Zonen	Bohrung bis zur Tiefe von 2520 Meter. Die vorhandenen Sandschichten sind feucht
Standard Oil Company 9Z-523	Wenn senkrecht nach unten gebohrt wird, nur feuchte Sandsteinschichten. Wenn in Richtung Südwest gebohrt wird, wirtschaftliche Ergie-	Senkrechte Bohrung bis zur Tiefe von 2997 Meter. Alle Sandsteinschichten feucht. Bohrung Richtung Südwesten. Die beiden oberen

Gesellschaft	Prognosen	Ergebnisse
	bigkeit aus den beiden oberen Sandsteinschichten	*Sandsteinschichten liefern jeweils 1268 und 220 barrels pro Tag*
Standard Oil Company 9Z-534	Alle Sandsteinschichten feucht. Möglicherweise eine kleinere Quelle in dem Phacoidensandstein. Fracing ist notwendig, damit die Förderung rentabel wird	Bohrung bis zur Tiefe von 2787 Meter, alle Sandsteinschichten feucht. Weitere Bohrung. Ergiebigkeit von 50 barrels pro Tag aus Phacoidensandstein. Nach Fracing 265 barrels
Getty Oil Company Morris USL-581	Die oberen und unteren Serien des Carnerossandsteins ergiebig, wenn senkrecht nach unten gebohrt wird	Bohrloch fertiggestellt. Die oberen und unteren Serien des Carnerossandsteins sind ergiebig
Standard Oil Company 4Z-518	Nur die obere Carnerossandsteinschicht ist ergiebig	Bohrloch fertiggestellt. Die obere Carnerossandsteinschicht ist ergiebig
Rothschild Oil Company Kliewer No. 1	Feuchte Sandsteinschichten	Die vorliegenden Sandsteinschichten waren feucht
Nach: Christopher Bird, Die weissagende Hand oder das Mysterium Wünschelrute. Verlag Moos & Partner, 2. Auflage 1985, Seite 141)		

Die Ölfunde von Paul Clement Brown

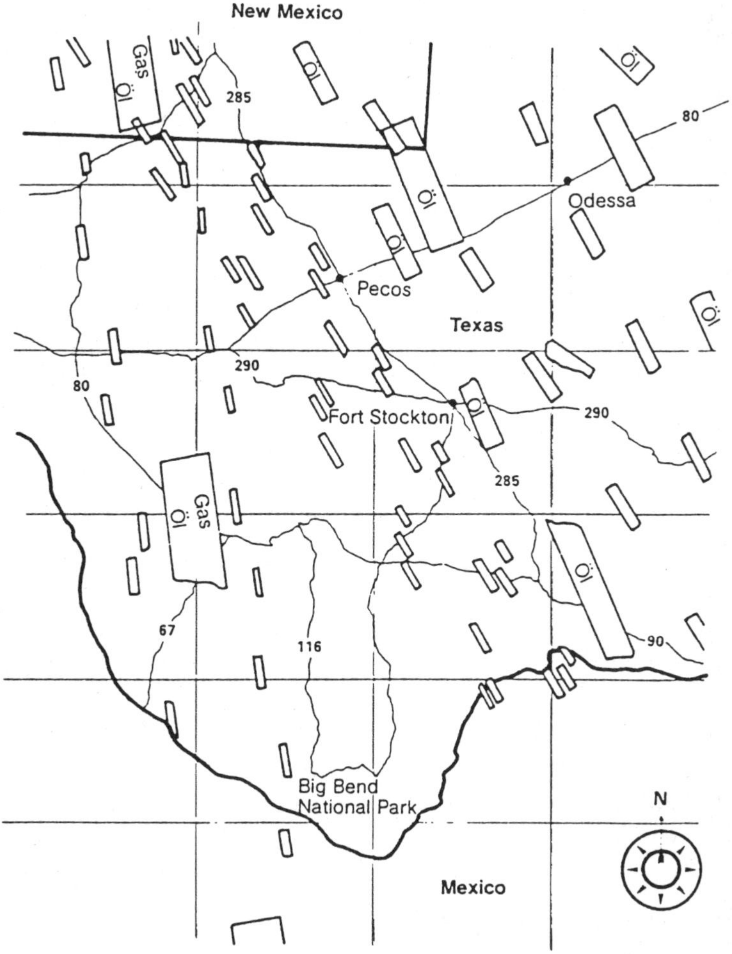

Abb. 27

Diese beeindruckende Tabelle bedarf keines weiteren Kommentars, und sie könnte beliebig erweitert werden – egal, ob es sich bei den gesuchten Bodenschätzen um Wasser, Öl, Gas oder Erze handelt. Immer gehen die „Meister" dabei nach der beschriebenen Methode vor, zunächst die Richtung, dann die Lage und schließlich die Tiefe zu ermitteln. Abgerundet wird die sogenannte Mutung durch eine Prognose bezüglich der Ergiebigkeit und der Qualität der Bodenschätze. Immer wieder muß jedoch betont werden, daß es nicht ausreicht, nun einfach mit dem Pendel durch die Landschaft zu streifen und auf gut Glück zu versuchen, irgend etwas zu finden. Unbedingt erforderlich für das mentale Pendeln ist ein Ziel, das möglichst genau definiert sein sollte, so daß auch eine „einfach so" vorgenommene Schatzsuche auf dem eigenen Grundstück natürlich erfolglos bleiben muß.

Ein dankbares Umfeld für erste Übungen bieten archäologische Ausgrabungsstätten, in denen Sie nicht nur die Forschungsergebnisse und die Altersbestimmungen der schriftlichen Führer überprüfen, sondern zusätzlich noch neue Funde tätigen können. Was immer Sie auch suchen, wichtig ist dabei, daß Sie einen persönlichen Bezug zu der Materie haben, mit der Sie sich beschäftigen. Und sollten Sie solches radiästhetisches Talent entwickeln, daß Sie das Pendeln zu Ihrem Beruf machen und gegen Bezahlung nach Bodenschätzen, gebrochenen Wasserrohren, Störfeldern oder auch Krankheiten forschen, so ist es von allergrößter Bedeutung, den Punkt Bezahlung nicht in den Vordergrund zu rücken, sondern ihn als angenehme Begleiterscheinung zu betrachten. Hier unterscheidet sich das Pendeln übrigens nicht von anderen beruflichen Tätigkeiten, die um so überdurchschnittlicher ausgeführt werden können, desto weniger dabei das vereinbarte Honorar – zumindest gedanklich – mitschwingt.

Daß erfolgreiche Radiästheten mehr als ihr gutes Auskommen haben können, zeigen unzählige Beispiele, wo Pendler oder Rutengänger im Auftrag von Regierungen und Wirtschaftsunternehmen arbeiten oder auch festangestellt sind. In Britisch Kolumbien und Indien beispielsweise arbeiten Radiästheten im Beamtenstatus, für den Pharma-Konzern Hoffmann-La Roche arbeitet ein ganzer Stab von Radiästheten – insbesondere, wenn es darum geht, zukünftige Fabrikgelände irgendwo in der Welt auf notwendige Wasservorkommen zu testen. Stephan Riess, ein amerikanischer Rutengänger und Pendler, trug wesentlich mit zur Wassererschließung im trockenen Westen der USA bei und wurde 1958 vom israelischen Ministerpräsidenten David Ben Gurion ins Land geholt, um für die neue Stadt Eilat am Roten Meer Wasserquellen zu erschließen – wenige Zeit später sprudelte nur zwei Kilometer von Eilat entfernt ein Brunnen, der nicht nur eine Stadt mit mehr als 100 000 Bewohnern einschließlich Industrie und Vororten mit dem nötigen Wasser versorgen konnte, sondern dessen Trinkwasserqualität sogar ausgesprochen gut ist. Riess bekam seinerzeit für seine Bemühungen angeblich von Gurion eine Medaille und seine Frau eine in Silber gebundene englischsprachige Ausgabe des Talmud – ein fürstliches Honorar, wenn man berücksichtigt, wie sparsam andere Radiästheten schon abgefunden worden sind, die Bodenschätze in Millionenwert geortet und gefunden haben, und daß erfolglose Fehlbohrungen mit Leichtigkeit in die Hunderttausende gehen. August von Bishoping beispielsweise, Angehöriger einer Rutengänger-Kompanie im ersten Weltkrieg, Aufspürer von gewaltigen Erzlagern in Spanien, im Alter von 17 Jahren nach Togo in Westafrika berufen, wo er erfolgreich Wasserquellen mutete, hat nach seinen Angaben das zweitgrößte Erdölvorkommen in der Bundesrepublik entdeckt, das in circa hundert Metern Tiefe eine Ausdehnung von 800 mal 3 000 Metern einnehmen soll – nur verraten hat er es nicht, denn keine Fördergesellschaft wollte ihm die geforderte fünfprozentige Beteiligung an der Verwertung zusichern ...

Landkarten und Pläne

Verne Cameron, einem Berufsradiästhet aus Kalifornien, gelang es im Jahre 1959, der amerikanischen Regierung mit Hilfe des Pendels einen gehörigen Schrecken einzujagen. Cameron meldete sich eines Tages bei der Navy und behauptete, er könne allein durch Kartenpendeln die gesamte U-Boot-Flotte der Navy exakt lokalisieren. Natürlich weckte diese Meldung das Interesse von Vizeadmiral Maurice E. Curtis, und man traf sich kurz darauf in einem Marinestützpunkt zu einer Demonstration. Das Experiment gelang, wobei Cameron nicht nur die US-Boote lokalisierte, sondern auch die russischen U-Boote rund um den Erdball. Der Radiästhet mußte allerdings für seine Fähigkeit büßen: Er wurde nicht etwa – wie man vermuten könnte – von der Navy oder dem CIA angeheuert, sondern er wurde dazu verdonnert, das Land nicht zu verlassen. Erfahren hat er es allerdings erst Jahre später, als ihn die südafrikanische Regierung einlud, diverse natürliche Hilfsquellen zu orten. Cameron konnte nicht ausreisen, da ihm die amerikanischen Behörden wegen des Sicherheitsrisikos keinen Paß ausstellten.

Das Kartenpendeln oder sogenannte Kartenmuten ist in der Regel eine dankbare Aufgabe, wobei die Trefferquoten sehr viel höher liegen als beim Pendeln in der freien Natur. Teils ist das dadurch bedingt, daß sich auf einer Landkarte oder auf einem Stadtplan keinerlei Gegenstände befinden, durch die die Pendelausschläge eine Ablenkung erfahren könnten, teils auch dadurch, daß – obwohl eine Karte einen verkleinerten Maßstab darstellt – sehr viel genauer gearbeitet werden kann. Grundsätzlich bieten sich drei Möglichkeiten an, beim Kartenpendeln zum gewünschten Ergebnis zu kommen. Für alle drei Wege jedoch gilt gleichermaßen, daß die Karte, der Plan oder die Skizze in Planquadrate eingeteilt ist. Generalstabskarten und die handelsüblichen Stadtpläne sind bereits mit einem solchen Gitter überzogen, und sollten Sie über einer „nackten“ Karte pendeln, so hilft ein Lineal und ein Bleistift, um diesen Mißstand zu beseitigen.

Bei der ersten Methode pendeln Sie systematisch alle Planquadrate nacheinander aus, wobei Sie sich, beziehungsweise Ihrem Pendel natürlich jedesmal die Frage stellen, ob sich der gesuchte Gegenstand oder die gesuchte Person in diesem Quadrat befindet. Die zweite und schnellere Methode besteht darin, daß Sie zunächst sämtliche Längsreihen und anschließend die Querreihen auspendeln, wobei sich dann das überschnittene Planquadrat als das richtige erweist. Bei der dritten Methode setzen Sie beispielsweise Ihren Ausgangspunkt links unten fest und fragen nach der Richtung. Dann wiederholen Sie diesen Vorgang an der rechten unteren Ecke und erhalten so einen Schnittpunkt, der sehr viel exakter ist, als bloß das richtige Planquadrat (vgl. Abb. 28, 29, 30, Seite 128 ff.).

Die Methoden eins und zwei stellen demnach lediglich eine grobe Mutung dar, die in jedem Fall durch den dritten Weg vervollständigt werden muß, in dem Sie die Eckpunkte am georteten Planquadrat ansetzen. Selbstverständlich gilt auch beim Kartenpendeln der Grundsatz des Eingrenzens, wobei Sie sich innerhalb weniger Minuten – und das ist das Faszinierende an diesem Vorgang – von einer Weltkarte bis zu einem Stadtplan vorarbeiten können. Natürlich setzt diese Arbeit einen entsprechenden Fundus von Karten und Plänen voraus, doch auch wenn Sie nicht über das entsprechende Material verfügen, können Sie sich mit ein wenig Phantasie und Improvisationstalent behelfen. Suchen Sie beispielsweise den Aufenthaltsort einer bestimmten Person, und Sie sind zu dem Ergebnis gekommen, daß sich diese Person irgendwo in Athen aufhält, verfahren Sie – wenn Sie keinen Plan von Athen bei der Hand haben – wie folgt:

In Athen gibt es, das sollten Sie wissen, eine deutsche Botschaft. Zudem existiert ein internationaler Flughafen, ein Hauptbahnhof, ein American Express Reisebüro, ein Hilton Hotel und so weiter. All diese markanten Punkte, die in jeder großen Stadt der Welt zu finden sind (in kleineren Orten sind es: Marktplatz, katholische oder evangelische Kirche, Moschee, Rathaus, Sportplatz, Schule etc.), tragen Sie jetzt in einen selbstgebastelten Stadtplan von Athen ein, der anfangs lediglich aus einem leeren Kreis und einem Planquadratgitter besteht. Der Pendel wird Ihnen verraten, in welchem Planquadrat die Botschaft steht, der Flughafen und so weiter. Nun, von diesen Punkten aus ist es ein Leichtes, den gesuchten Ort mittels Schnittpunktmethode zu ermitteln und von dem am nächsten gelegenen markanten

Pendeln über Karten

Zeitraubend:
Jedes Planquadrat einzeln auspendeln

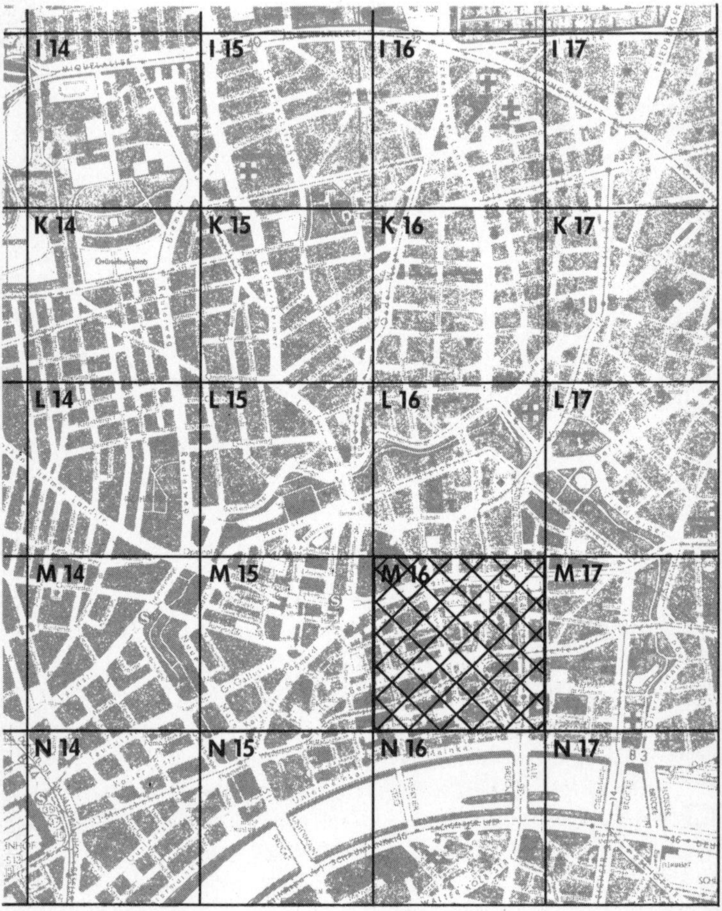

Abb. 28

Zügig, aber grob:
bahnenweises Auspendeln

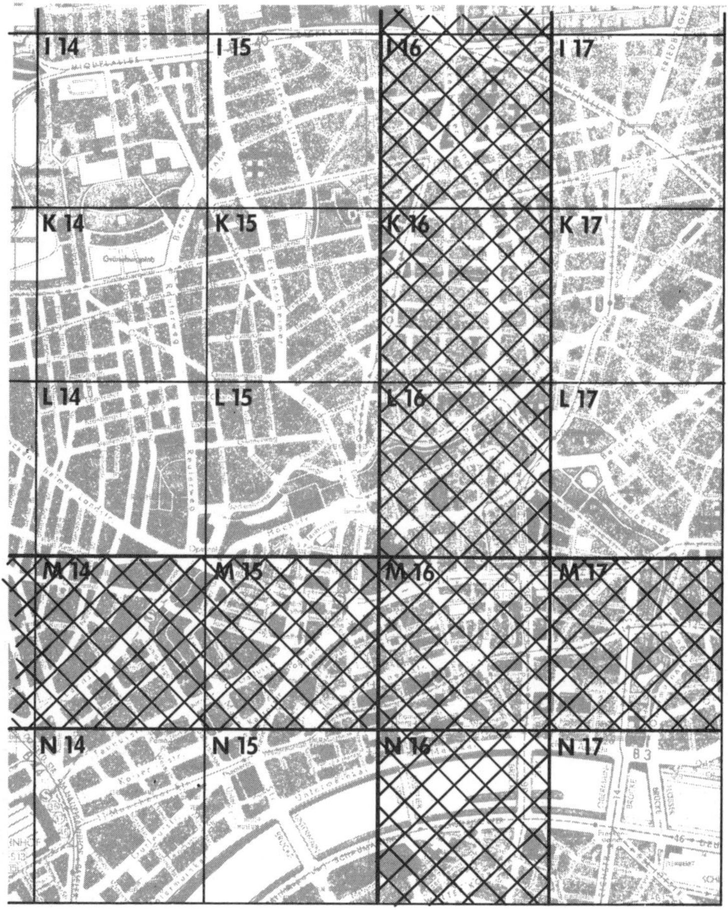

Abb. 29

Exakt:
Schnittpunkt-Methode

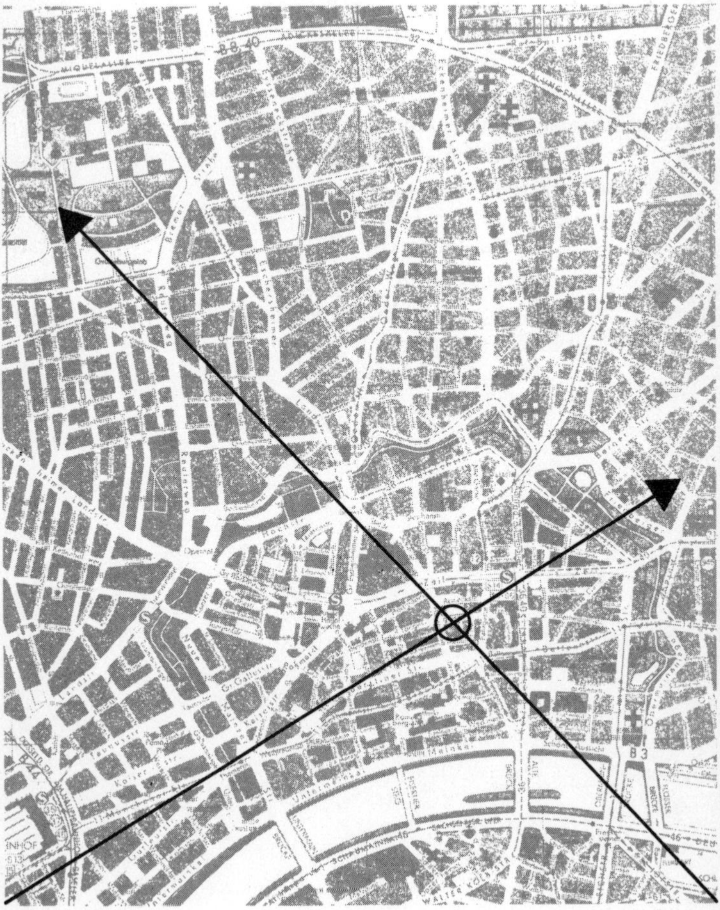

Abb. 30

Punkt mit Hilfe der Spurverfolgungsmethode das entsprechende Straßennetz anzulegen. Und wenn Sie zur Spitze der Radiästheten gehören, wird es Ihnen gelingen, anhand des vor Ihnen liegenden Alphabets den ersten, zweiten und alle folgenden Buchstaben des Straßennamens sowie die Hausnummer einschließlich Stockwerk oder Zimmernummer zu ermitteln.

Mit dieser Methode des Kartenpendelns wurden Diebe gefunden, Vermißte geborgen, Schmuggler gefaßt und Familien wieder zusammengeführt – die Liste des erfolgreichen Pendeleinsatzes ließe sich beliebig fortsetzen. Interessant ist der Gebrauch des Pendels auch bei US-Soldaten während der letzten Periode des Vietnamkriegs. Unzählige Berichte liegen hier vor, in denen Soldaten schildern, wie sie mit Hilfe des Pendels zu ihren Einheiten zurückfanden, wie Fußfallen, Tunnels, falsche Wände und Munitionsdepots in Vietcong-Dörfern aufgespürt werden konnten, so daß die Marinesoldaten neben ihren normalen batteriebetriebenen Minendetektoren bald auch radiästhetisches Werkzeug mit sich trugen.

Pendel und Krankheiten

1. *Jeder Mensch besitzt ein persönliches Kraftfeld. Dies ist bereits wissenschaftlich bekannt und nachgewiesen.*
2. *Bei Krankheiten treten Änderungen in diesem Kraftfeld auf, wie durch die diagnostischen Erfolge von Dr. med. Schreiber bei Patienten von Geheimrat Bier sowie an Tieren des Berliner Schlachthofs ebenfalls wissenschaftlich nachgewiesen wurde.*
3. *Da Wünschelrute und Pendel in ihren Reaktionen auf den gleichen Ursachen beruhen, gelten diese Feststellungen auch für die letzteren. Zudem sind die pendeldiagnostischen Leistungen eines Dr. Abel Martin von der Pariser ärztlichen Fakultät anerkannt worden. Es steht also fest, daß man auch mit dem Pendel kranke Stellen am Körper finden kann; viele geben sogar dem Pendel vor der Wünschelrute den Vorzug, es gilt als wesentlich empfindlicher und für ärztliche Zwecke geeigneter. 1936.*

(Aus dem Nachlaß des Autors Dr. med. Bruno v. Willmann)

Willmann beschäftigte sich jahrzehntelang mit Diagnose- und Therapiemöglichkeiten mit Hilfe des Pendels und konnte aufgrund seiner persönlich gefundenen Zahlen- und Meßgrößen erstaunliche Resultate erzielen. Insbesondere widmete er sich Versuchen mit Pendel und Spiegel, dessen Rückseite er Wachstumsenergie und dessen Vorderseite er Wachstumshemmenergie zuschrieb. Nun würde es diesen Rahmen sprengen, den relativ komplizierten Vorgang des medizinischen Spiegelpendelns darzulegen, doch soll ein wichtiges Wort des Arztes Willmann aufzeigen, daß ihm bei allen Versuchen nie der Kontakt zur Wissenschaft verlorenging:

„Es soll hiermit nicht gesagt werden, die Mehrzahl der sonstigen, das Rüstzeug des Arztes umfassenden Methoden seien nun überflüssig geworden! Im Gegenteil! – Man wird vielleicht durch den nun erst möglichen raschen Überblick veranlaßt werden, die Diagnosen in der einen oder anderen Richtung zu vertiefen und zu vervollkommnen.“

Anatomische Pendeltafel nach RGS

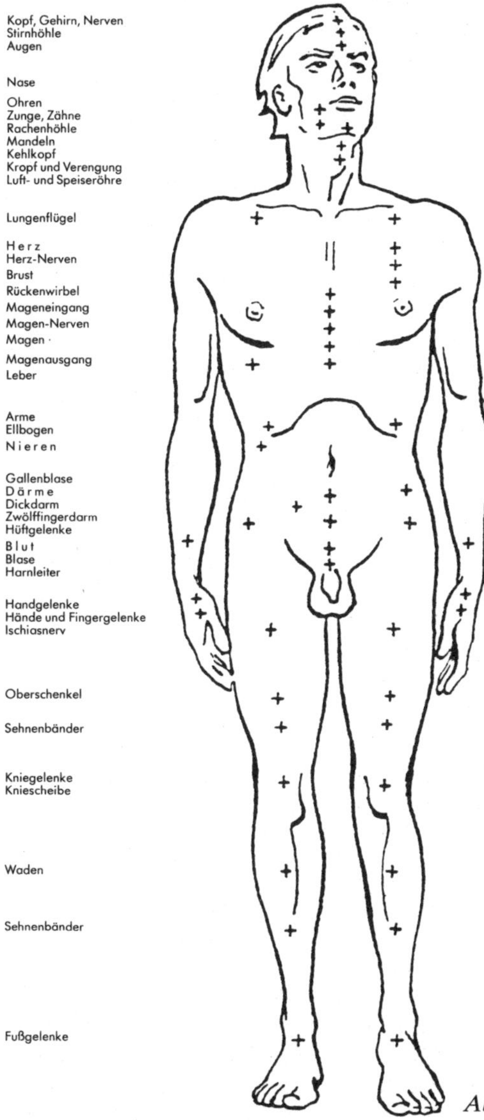

Abb. 31

Anatomische Pendeltafel nach RGS

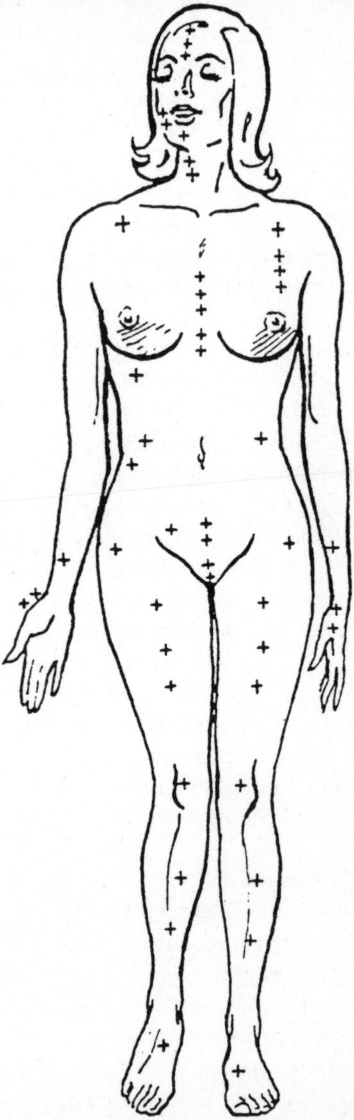

Abb. 32

Natürlich ist Ihnen, wenn Sie nicht mit dem Gesetz in Konflikt kommen wollen, jede berufs- oder gewerbsmäßig vorgenommene Tätigkeit zur Feststellung, Heilung oder Linderung von Krankheiten, Leiden oder Körperschäden bei Menschen, auch wenn sie im Dienste von anderen ausgeübt wird, verboten – es sei denn, Sie sind Arzt, Zahnarzt oder Heilpraktiker. Trotzdem soll hier ein wenig dargestellt werden, wie Diagnosestellung und Verordnungen mit Hilfe des Pendels bestimmt werden, denn straffrei gehen Sie aus, wenn Sie sich ohne Entgelt im Familien- oder Freundeskreis betätigen. Bedenken Sie dabei jedoch immer, daß jeder geringste Verdacht auf eine schwere Krankheit ernst zu nehmen ist und das Aufsuchen eines Heilkundigen erfordert.

Ob Sie sich zur Orientierung an sämtliche möglichen Körperregionen, an anatomische Pendelkarten, an Augendiagnosekarten, an selbst hergestellte Karten oder auch an den vor Ihnen befindlichen Menschen halten, ist Ihnen überlassen – wichtig ist, daß Sie sich für eine Alternative entscheiden und nach einiger Übung ohne größere Schwierigkeiten systematisch vorgehen können.

In der Regel wird ein Kranker stehend, sitzend oder liegend leiblich untersucht, doch wenn Ihnen beispielsweise ein Freund aus der Fremde schreibt, muß die Untersuchung ferndiagnostisch erfolgen – ein Vorgehen, das berufsmäßigen Heilkundigen untersagt ist. Damit Sie Ihre mit „Ja" oder „Nein" zu beantwortenden Fragen gezielt stellen können, hier eine kleine Übersicht, wo der Schuh überall drücken kann. Sie sollten diese Übersicht immer stur abfragen, denn meistens sagen Kranke nur die halbe Wahrheit – „Bauchweh" kann viel bedeuten, insbesondere, wenn sich dazu noch andere Symptome gesellen, die im Moment der Untersuchung einfach vergessen werden:

Allgemeinbeschwerden:
Appetitmangel – Übelkeit – Erbrechen – Durchfall – Verstopfung – Gewichtsveränderung – übermäßiger Durst – Nykturie – Polyurie – Anurie – Potenzstörungen – Schwäche – Schwindel – Ohnmacht – Gleichgewichtsstörungen – Bewußtlosigkeit – Angst – Erregbarkeit – Unruhe – Kopfschmerz – geschwollene Füße – geschwollene Beine – geschwollenes Gesicht – Herzklopfen – Krämpfe – Lähmungen – Schweißausbrüche – Veränderung der Hautfarbe – Veränderung der

Körperbehaarung – Fieber – Schüttelfrost – Einschlafstörungen – Durchschlafstörungen – Erinnerungsvermögen – Sprechschwierigkeiten – Appetitlosigkeit – Gehstörungen – Taubheit – Kribbeln – Haltlosigkeit – Konzentrationsstörungen – Depressionen – Grübeln – Traurigkeit – Nervenzusammenbrüche – Hysterie

Kopf:
Schmerzen – Haarausfall

Augen:
Sehfähigkeit (+/–) – Flimmern – schwarze Flecke – Doppelbilder – Tränenfluß – Druckgefühl – Brennen – Schmerzen

Ohren:
Hörstörung – Ohrensausen – Absonderung – Schmerzen

Nase:
Behinderung der Nasenatmung – Störung des Geruchssinns – Nasenbluten – Absonderung

Mund:
Zahnfleischbluten – Zungenbrennen – kein Geschmack – Zahnschmerz – Geruch – Lippenrisse

Rachen:
Halsschmerz – Schluckbeschwerden – Heiserkeit

Hals:
Schwellung – Knoten – Nackenschmerz – Steifheit

Brustkorb:
Schwellung – Knoten in der Achselhöhle – Veränderung der Brüste/Warzen

Atmung, Herz, Kreislauf:
Kurzatmigkeit (Ruhe/Bewegung) – nächtliche Atemnot – Todesangst – Husten – Auswurf (weiß/gelb/rot) – Brustschmerz – Nachtschweiß – unregelmäßiger Herzschlag – plötzliches Herzrasen

Karte für die Augendiagnose: rechte Iris

Abb. 33

Verdauungstrakt:
Schluckbeschwerden – Aufstoßen – Sodbrennen – Oberbauchbeschwerden – Völlegefühl – Bauchschmerzen – Blähungen – zunehmender Bauchumfang – Unverträglichkeiten (Fett/Milch/Kaffee/Gewürze/Obst/Fleisch) – Erbrechen – unübliche Verdauung/Stuhlgang (ziehender Schmerz/Brennen/Teerstuhl/Schleim/Blut/unverdaute Speisen/Würmer) – Hämorrhoiden

Urogenitalsystem:
Harnstottern – Startschwierigkeiten – Tröpfeln – Schmerzen – Brennen – Urin nicht halten können – Nierenschmerzen – Urinveränderung (dunkel/blutig/schaumig/trübe/Steine) – Blut bei/nach Geschlechtsverkehr

Blut und Lymphe:
Kleine Blutungen nach 5 Minuten nicht gestillt – schlechte Wundheilung – Eiterneigung – ungewöhnliche blaue Flecken – Knoten (Hals/Achsel/Leiste)

Bewegungsapparat:
Gelenkschmerz – Gliederschmerz – Rückenschmerz – Bewegungseinschränkung – Mißempfindung – Kältegefühl – Schmerzen (beim Gehen/in Ruhe)

Drüsen:
Auffallend viel Urin – Temperaturempfindlichkeit (Wärme/Kälte) – Hitzewallungen

Mit dieser Aufstellung haben Sie eine ganze Menge Anhaltspunkte zu einer vorläufigen systematischen Untersuchung, die Sie natürlich immer in Beziehung zu der sogenannten „Familienanamnese" (hat in der Familie jemand Krebs, Diabetes, Herz-Kreislauf-Krankheiten etc.?) und der sogenannten „Eigenanamnese" (Kinderkrankheiten, Krankenhausaufenthalte, Infektionskrankheiten, Impfungen, Tropenreisen etc.?) sehen müssen.

Falls Sie sich bereits mit der Kunst der Homöopathie auseinandergesetzt haben, dann wissen Sie, daß diese Behandlungsmethode auf

Karte für die Augendiagnose: linke Iris

Abb. 34

klassische Diagnosestellungen verzichten kann, da die Wahl der Mittel und ihrer Potenzen ausschließlich nach Symptomen erfolgt. So bietet sich diese Übersicht auch besonders gut für eine homöopathische Therapie an, die zusammen mit dem Pendel eine der Hauptsäulen in der Naturheilkunde darstellt. Bedenken Sie jedoch immer, daß kranke Menschen keine Versuchsobjekte sind, und falls Sie keine medizinische Erfahrung haben, sollten Sie grundsätzlich die Finger vom medizinischen Einsatz des Pendels lassen – zu viele Gefahren für Leib und Seele liegen in einer oberflächlichen oder stümperhaften Diagnosestellung, so daß ihnen sogar voll ausgebildete Ärzte immer wieder ausgesetzt sind. Natürlich steht es Ihnen frei – und dieses Vorgehen ist sogar zu empfehlen – daß Sie nach einem Arztbesuch den Pendel in die Hand nehmen und sowohl Diagnose als auch Therapie selbst nachprüfen. Kommen Sie nach mehreren Proben zu einem anderen Ergebnis, sollten Sie sich sicherheitshalber an einen anderen Vertreter der Heilkunde wenden. Vor diesem Schritt sollten Sie grundsätzlich keine Scheu haben, ebenso wie Sie ja auch ohne zu überlegen mehrere Obstgeschäfte aufsuchen, bis Sie endlich die Ware gefunden haben, die Ihnen zusagt...

Kreisförmige Tafel für radiästhetische Studien nach RGS

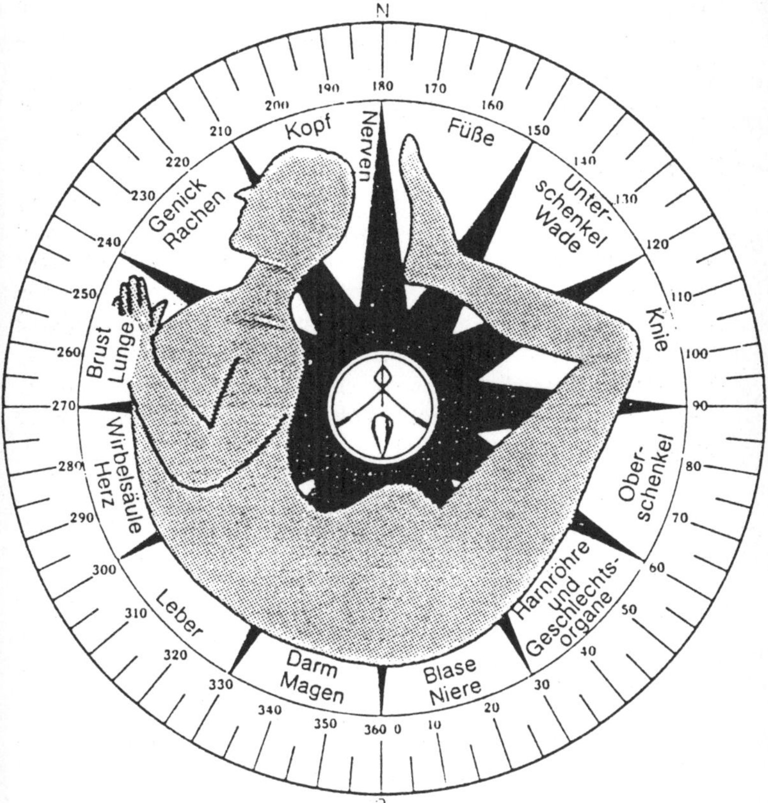

Abb. 35

Ein letztes Wort

Sie sind nun – und das dürfen Sie völlig ohne jeden Zynismus so verstehen – ein „Eingeweihter“, ein Pendelschüler, der mittlerweile weiß, worauf es bei dieser Kunst ankommt. Sie haben diesem Buch entnommen, welcher theoretische Unterbau dem Pendeln zugrunde liegt, und Sie haben erste praktische Übungen vorgenommen, die Ihnen als Basis für die eigene Arbeit mit dem Pendel dienen sollen. Obwohl beim Verfasser dieses Buches größte Mühe darauf verwendet wurde, ein allgemein verständliches und anschauliches Werk zu schaffen, mag es durchaus möglich sein, daß Ihnen der eine oder andere Punkt unverständlich geblieben ist. Dazu ein Ratschlag aus der Praxis: Notieren Sie sich diese Punkte auf einen Zettel und legen Sie ihn in eine Schublade, um ihn nach einiger Zeit wieder hervorzuholen. Sie werden sehen, daß sich eventuelle momentane Unklarheiten im Laufe der Zeit und mit zunehmender Pendelpraxis von selbst klären, so daß es ein Unding wäre, eine sofortige Gewaltlösung anzustreben. Für diejenigen Leser, denen die in diesem Rahmen gebotene Information nicht ausreichend erscheint, ist im Anhang ein umfangreiches Literaturverzeichnis angeführt, das neben Werken in deutscher Sprache auch solche in englischer und französischer Sprache enthält. Da sich insbesondere die Franzosen, aber auch die Amerikaner weitaus mehr mit der Kunst des Pendelns beschäftigt haben als die Deutschen, liegen die wichtigsten Werke vorwiegend nur in den entsprechenden Sprachen vor – private Übersetzungen können jedoch unter Umständen die jeweiligen radiästhetischen Verbände vermitteln.

Anhand der im Teil „Anwendung“ beschriebenen Pendelübungen, die die wichtigsten Bereiche des praktischen Pendelns abdecken, haben Sie ein erstes Gefühl dafür bekommen, welche Möglichkeiten Ihnen mit Hilfe dieses radiästhetischen Instruments zur Verfügung stehen. Doch nun einfach zu sagen, Sie wären am Ende Ihrer Ausbildung angelangt, wäre falsch. Genaugenommen haben Sie noch nicht einmal damit begonnen – Sie haben hineingerochen und vielleicht Appetit bekommen. Es ist jetzt an Ihnen, die Kunst des Pendelns zu

Ihrer eigenen Kunst zu entwickeln und sich mit Experimenten und Übungen zu beschäftigen, mit deren Hilfe Sie die hierfür notwendige Sicherheit bekommen.

Sie werden wahrscheinlich bemerkt haben, daß dieses Buch ganz und gar nicht in der ansonsten üblichen euphorischen Stimmlage geschrieben wurde – ganz im Gegenteil; und deshalb könnten Sie sich sogar manchmal gefragt haben, ob der Verfasser vielleicht insgeheim gegen das Pendeln eingestellt ist. Zu Ihrer Beruhigung, er ist es nicht. Er ist selbst ein leidenschaftlicher Pendler, der – und genau in diesem Punkt ist die angesprochene Distanz begründet – sehr wohl um die Gefahren einer regelrechten Pendelsucht weiß. Es kann nicht angehen, daß dieses wertvolle Instrument dazu benutzt wird, um sich die Entscheidung für die morgendliche Garderobe zu erleichtern, um nur ein Beispiel für den verbreiteten Mißbrauch beim Pendeln zu nennen. Der Pendel ist ein absolut ernstzunehmendes Gerät, in der Hand eines Unmenschen kann er sogar zur Waffe werden. Erst wenn Ihnen das in voller Tragweite klar geworden ist, haben Sie die rechte Startposition für den Einstieg in diese Kunst eingenommen. Und wenn Ihnen die eine oder andere Textpassage unter Umständen einen Hauch von Zynismus vermittelt haben mag, so sollten Sie das unter dem eben erwähnten Aspekt sehen und sich im Lauf Ihrer Lehre immer wieder vor Augen halten, daß es zwar eine Unmenge von Menschen gibt, die einen Pendel mit sich herumtragen, doch daß wirkliche Pendler ausgesprochen rar sind.

In diesem Sinne wäre es auch verfehlt, Ihnen nun „viel Spaß" zu wünschen – vielmehr sei daran gelegen, daß Sie sich an Ihrem Pendel entzünden und daß es Ihnen gelingt, eine Antenne für die Wellen der „großen Kraft" zu sein, mit deren Hilfe Sie die Leiter in eine andere Dimension erklimmen.

Anhang

Adressen

Anthroposophische Gesellschaft in Deutschland
Fichardstr. 43
D-6000 Frankfurt 1

Bio-Dynamic Association
P.O. Box 253
Wyoming, Rhode Island 02898
USA

Deutsche Heilpraktikerschaft (Bundesverband)
Tersteegstr. 77
D-4000 Düsseldorf 30

Forschungskreis für Geobiologie
Adolf-Knecht-Str. 25
D-6930 Ebersbach

Österreichischer Verband für Ruten- und Pendelkunde (ÖVRP)
Neustiftgasse 5–7
A-1070 Wien 7

Schweizerische Gesellschaft für Geoklimatik (SGG)
Eriswilstr. 37b
CH-4950 Huttwil

Schweizerische Gesellschaft für Radiästhesie, Geopathie und Strahlenbiologie (RGS)
Postfach
CH-9004 St. Gallen

Verband für Ruten- und Pendelkunde (VRP)
Kirchbachweg 16
D-8000 München 71

Weiterführende Literatur

In deutscher Sprache

Albinus, Th. (Pseudonym für J. M. Weiss): Das entlarvte Idolum der Wünschel-Ruthe. Leipzig 1704.

Aretin, J. Ch. Freiherr von: Beyträge zur litterarischen Geschichte der Wünschelruthe. München 1807.

Baader, F. X. von: Sämtliche Werke. Leipzig 1851, Aalen 1963.

Bachler, K.: Erfahrungen einer Rutengängerin. Geobiologische Einflüsse auf den Menschen. 9. Auflage, Linz 1984.

Bähr, J. K.: Der dynamische Kreis: die natürliche Reihenfolge der Elemente und zusammengesetzten Körper, als Resultat der Beobachtung ihrer dynamischen Wirklichkeit. Dresden 1861.

Bedford, J. und W. Kensington: Das Delpasse-Experiment. Düsseldorf 1975.

Benedict, M.: Ruten- und Pendellehre. Wien 1917.

Bird, Ch.: Die weissagende Hand oder das Mysterium Wünschelrute. 2. Auflage, München 1985.

Bolte, J.: Forschungen und Entdeckungen mit dem siderischen Pendel. Leipzig 1937.

Candi (Pseudonym für L. C. Mohlberg): Radiästhetische Studien, Briefe an Tschü, Anregungen zu radiästhetischen Studien in 35 Briefen. 5. Auflage, St. Gallen 1970.

Clasen, E.: Die Pendel-Diagnose. Leipzig 1936.

Cossel, B. von (Hrsg.): Graphologisches Studienbuch. 2. Auflage, Frankfurt 1967.

Dietrich, Ch.: Wie lerne ich pendeln? Ersteinführung in die angewandte praktische Strahlenforschung. 2. Auflage, Rudolstadt 1937.

Ders.: Radiästhesie in Theorie und Praxis. Rudolstadt 1938.

Feudivirus, H. F.: Gebrauch der Berg- und Wünschel-Ruthe. Leipzig 1763.

Frauzem, M.: Radiästhesie. Wiesbaden 1953.

Fritsch, V.: Das Problem geopathogener Erscheinungen vom Standpunkt der Geophysik. München 1955.

Gilbert, L. W.: Kritische Aufsaetze ueber Schwefelkies, Pendeln und Wuenschelruthen. Halle 1808.

Glahn, F.: Glahn's Pendel-Bücherei. Memmingen 1936.

Graves, T.: Pendel und Wünschelrute: Radiästhesie. München 1982.

Hondorff, A.: Der Pendel enthüllt das Verborgene. München o. J.

Jakob. G.: Das medizinische Pendelbuch. Bietigheim 1973.

Kallenberg, F.: Offenbarungen des siderischen Pendels. Diessen 1913.

Keel, A.: So lernt man pendeln. Praktisches Lehrbuch der Radiästhesie. St. Gallen 1951.

Kirchner, G.: Pendel und Wünschelrute. München 1985.

Klemm, F. und A. Hermann (Hrsg.): Briefe eines romantischen Physikers, Johann Wilhelm Ritter an Gotthilf Heinrich Schubert und an Karl von Hardenberg. München 1966.

Kopp, J.: Gesundheitsschädliche und bautenschädliche Einflüsse von Bodenreizen. Zürich 1965.

König. H. L.: Unsichtbare Umwelt. München 1975.

Mano, P.: Strahlende Welt. Beitrag zur Geschichte der Radiästhesie. Zürich 1954.

Matthias, E.: Die Strahlen des Menschen künden sein Wesen. Zürich 1955.

Mermet, A.: Der Pendel. Eine Einführung in die Pendellehre und eine Anleitung zum Gebrauch des Pendels. Colmar 1937.

Nielsen, G. und J. Polansky: Die Magie des Pendels. München 1987.

Oelenheinz, L.: Der Wünschelring. Leipzig 1920.

Pakraduny, T. (Hrsg.): Die Welt der geheimen Mächte. Wiesbaden 1970.

Pfanne, H.: Lehrbuch der Graphologie. Psychodiagnostik aufgrund graphischer Komplexe. Berlin 1961.

Pohl, G. Freiherr von: Erdstrahlen als Krankheitserreger, Forschungen auf Neuland. Diessen 1932.

Prokop, O.: Wünschelrute, Erdstrahlen und Wissenschaft. Stuttgart 1955.

Reichenbach, K. Freiherr von: Die odische Lohe und einige Bewegungserscheinungen als neuentdeckte Formen des odischen Prinzips in der Natur. Leipzig o. J.

Resch, A.: Zur Geschichte und Theorie des siderischen Pendels mit Bericht über eigene Experimente. Philosophische Dissertation, Universität Innsbruck. 20. Juni 1967.

Ritter, J. W.: Der Siderismus. Tübingen 1808.

Seiler, J.: Mit Wünschelrute und Pendel zu den faszinierendsten Entdeckungen. 6. Auflage, Frankfurt 1984.

Spiesberger, K.: Der erfolgreiche Pendelpraktiker. 8. Auflage, Freiburg o. J.

Straniak, L.: Das siderische Pendel als Indikator der 8. Naturkraft. Rudolstadt 1937.

Ders.: Die 8. Großkraft der Natur und ihre physikalischen Gesetze. Diessen 1936.

Voll, A.: Die Wünschelrute und der siderische Pendel. Leipzig 1910.

Walther, J.: Das Rätsel der Wünschelrute. Leipzig 1933.

Wetzels, W. D.: Johann Wilhelm Ritter: Physik im Wirkungsfeld der Deutschen Romantik. Berlin und New York 1973.

Zechlin, M. R.: Wissenschaftliche Grundlagen der siderischen Pendelschwingungen. Diessen 1935.

Zeidler, J. G.: Pantomysterium, oder das Neue vom Jahre in der Wünschelruthe. Magdeburg 1700.

In englischer Sprache

Barret, Sir W. F. und Th. Besterman: The divining rod; an experimental and psychological investigation. London 1926.

Bird, Ch.: The divining Hand. New York 1979.

Evans-Pritchard, Sir E.: Witchcrafts, oracles and magic among the Azande. Oxford 1973.

Flacelière, R.: Greek oracles. London 1965.

Hyman, R. und E. Z. Vogt: Water witching. Chicago 1959.

Long, M. F.: The secret science at work. Los Angeles 1953.

Maby, J. C. und T. B. Franklin: The physics of the divining rod. London 1939.

McGlashan, A.: Gravity and levity. Boston 1976.

Reichenbach, K. Freiherr von: Physico-physiological researches on the dynamics of magnetism, electricity, heat, light, crystallization and chemism, in their relation to vital force. New York 1851.

Richards, G.: The chain of life. London 1934.

Roberts, K.: The seventh sense. New York 1953.

Salzman, M. H.: New water for a thirsty world. Los Angeles 1960.

Scott, E. F.: Dowsing: One man's way. Jersey 1977.

Targ, R. und H. E. Puthoff: Mind-reach. New York 1977.

Tromp, S. W.: Psychical physics; a scientific analysis of dowsing, radiesthesia and kindred divining phenomena. Amsterdam und New York 1949.

Winzer, H. und W. Melzer: Cancer in the light of geophysical radiation. New York 1927.

Young, A. M.: The reflexive universe. New York 1976.

In französischer Sprache

Bertholon, Abbé: De l'électricité des végétaux. Lyon 1783.

Bourdoux, J. L.: Notions générales et pratiques des radiestésie. Paris 1946.

Ders.: Notions pratiques de radiesthésie pour les missionaires. Paris 1965.

Breton, S.: Traité pratique de radiesthésie. Paris 1941.

Carpon, M. A. (Hrsg.): La radiesthésie ou comment devenir expert dans l'art de capter les ondes, d'après la méthode de M. l'Abbé Bouly. Paris o. J.

Chevreul, M.-E.: De la baguette divinatoire, du pendule dit explorateur et des tables tournantes. Paris 1854.

Christophe, E.: Apologie du sourcier, la téléradiesthésie. Paris 1933.

Comiers, C.: La baguette justifiée et ses effets démontréz naturels. Paris 1693.

Contenau, G.: La divination chez les Assyrians et les Babyloniens. Paris 1940.

Dubouchet, J.: Essai de formalisation de la psychologie fondé sur l'analogie des phénomènes psychiques. Paris 1965.

Fortis, Abbé: Mémoires pour servir à l'histoire naturelle et principalement à l'oryctographie de l'Italie et des pays adjacens. 2 Bände, Paris 1802.

France, H. de: Souvenirs d'un sourcier. Paris 1932.

Gerboin, A. C.: Recherches expérimentales sur un nouveau mode de l'action électrique. Strasbourg 1808.

Jaricot, J.: Pendule et médicine. Paris 1948.

Jurion, J.: La radiesthésie, techniques et applications. Paris 1976.

Lambert, Abbé und J. Gaillard: Le mystère du sourcier. Paris 1931.

Leprince, A.: Radiesthésie médicale. Applications de l'art du sourcier à la médicine humaine. Paris 1935.

Luzy, A.: La radiesthésie moderne. Paris 1970.

Mager, H.: Les sourciers et leurs procédés. Paris 1913.

Martin, A.: Diagnostic radiestétique en médicine vétérinaire. Paris 1960.

Menestrier, C. F.: Réflexions sur les usages et les indications de la baguette pour découvrir les sources de l'eau, les métaux cachez, les vols, les bornes déplacés, les assassinats. Lyon 1694.

Mermet, Abbé: Comment j'opère pour découvrir de près ou à distance sources, métaux, corps cachés, maladies. Paris 1960.

Peucer, K.: Les divins. Antwerpen 1584.

Peyré, F.: Radiations cosmo-télluriques. Paris 1947.

Regnault, J.: Baguettes et pendules. L'art du sourcier et ses applications. Paris 1948.

Rocard, Y.: Le signal du sourcier. Paris 1962.

Thouvenel, P.: Mémoire physique et médicinal, montrant des rapports évidents entre les phénomènes de la baguette divinatoire, du magnétisme animale et de l'électricité. Paris 1781.

Vallemont, Abbé de: La physique occulte, ou traité de la baguette divinatoire. Paris 1693.

Viré, A.: Comment devenir sourcier? Ce que j'ai fait. Paris 1935.